Betriebsversammlung mit Erfolgsgarantie

Die Kleine Betriebsratsbibliothek umfasst sechs Bände mit
Grundlageninformationen zur Betriebsratsarbeit:

1. Betriebsratssitzung gut durchgeführt
2. Betriebsratsarbeit perfekt organisiert
3. Betriebsversammlung mit Erfolgsgarantie
4. Das Betriebsratsbüro – Ausstattung, Organisation, PC-Einsatz
5. Wirtschaftsausschuss gezielt eingesetzt
6. Öffentlichkeitsarbeit für Betriebsräte

Vom Autorenteam der Kleinen Betriebsratsbibliothek sind noch die folgenden,
für Einstieg und Alltag des Betriebsrats besonders geeigneten Bücher erschienen:

Fricke / Grimberg / Wolter
Betriebsverfassungsgesetz – Kurzkommentar für Betriebsräte
Klare Sicht für Betriebsräte, Bund-Verlag, 2014, 978-3-7663-6294-0
Eine für jedermann verständliche BetrVG-Kommentierung für Einstieg und Alltag des Be-
triebsrats, mit direkter Gegenüberstellung von Gesetzestext und Kommentar

Fricke / Grimberg / Wolter
Keine Angst vorm Arbeitsrecht
Reihe ›aktiv im Betriebsrat‹, Bund-Verlag, 2010, 978-3-7663-3982-0
Dieses Buch hilft, das Arbeitsrecht als Werkzeug des Betriebsrats zu nutzen

Wolfgang Fricke
Der Kommunikationstrainer
Gespräche / Sitzungen / Verhandlungen / Reden
Reihe ›aktiv im Betriebsrat‹, Bund-Verlag 2013, 978-3-7663-6249-0
Klare und praxisnahe Hilfestellungen für das Kommunizieren im Betriebsratsalltag –
mit vielen Übungen

11., aktualisierte Auflage 2014

© 2010 by Bund-Verlag GmbH, Frankfurt am Main

Umschlaggestaltung und Zeichnungen: Reinhard Alff, Dortmund
Druck: Freiburger Graphische Betriebe, Freiburg

ISBN 978-3-7663-6300-8

www.bund-verlag.de

Die Kleine Betriebsratsbibliothek 3

Betriebsversammlung mit Erfolgsgarantie

11., aktualisierte Auflage

Wolfgang Fricke
Herbert Grimberg
Wolfgang Wolter

BUND
VERLAG

Inhaltsverzeichnis

Kapitel 1

Der Tätigkeitsbericht – interessant, aufschlussreich, arbeitsteilig

Ein guter und vollständiger Tätigkeitsbericht sollte vielleicht mit einigen Fakten zur Betriebratsarbeit beginnen – so zum Beispiel:

»Insgesamt hat es ... Betriebsratssitzungen gegeben; davon:

... *Sitzungen mit Vertretung der Gewerkschaft;*

... *Sitzungen mit der Geschäftsleitung;*

... *Sitzungen mit der Jugend- und Auszubildendenvertretung;*

... *Sitzungen mit Wirtschaftsausschussmitgliedern;*

... *Sitzungen mit den Sicherheitsbeauftragten;*

... *Sitzungen mit der Schwerbehindertenvertretung;*

... *Sitzungen mit Sondervertretern.*

Die Betriebsratssitzungen dauerten durchschnittlich ... Stunden.

An ... Betriebsratssitzungen nahmen Ersatzmitglieder teil, und zwar die Kolleginnen und Kollegen ...«

Ja, auch wenn man es nicht recht glauben mag – so einen (durchaus ernst gemeinten!) Gliederungsvorschlag für einen Tätigkeitsbericht haben wir tatsächlich vor einiger Zeit in einer Broschüre zum Thema Betriebsversammlung gefunden!

Nun gibt es ja Leute, die glauben, dass ein wenig Statistik eine Rede ganz ungemein würze – aber ein *so* aufgemachter Tätigkeitsbericht ist wohl ungefähr so spannend,

als würde eine halbe Stunde lang aus dem Telefonbuch von Hongkong vorgelesen. Was aber nur zu empfehlen ist, wenn der Betriebsrat ganz sicher gehen will, dass alle Zuhörenden bereits nach den ersten fünf Minuten fest schlafen.

Aber im Ernst:

Was will der Betriebsrat durch einen Tätigkeitsbericht auf der Betriebsversammlung eigentlich erreichen?

1 Die Belegschaft soll informiert werden über das, was der Betriebsrat im letzten Vierteljahr getan hat (was aber sicher nicht die statistisch exakte Erfassung jeder Sitzung einschließlich sämtlicher Anwesender erfordert).

2 Die Belegschaft soll Gelegenheit haben, Fragen zur Arbeit des Betriebsrats zu stellen und ihre Meinung dazu zu sagen. Der Tätigkeitsbericht muss also zu einer solchen Diskussion anregen und auffordern.

3 Der Betriebsrat will Erfolge, die er bei seiner Arbeit gehabt hat, der Belegschaft bekannt machen, er will sie (und damit auch sich) ›verkaufen‹. Dies ist nicht unwichtig, weil Erfolge das Ansehen des Betriebsrats heben. Und ein bei der Belegschaft gut angesehener Betriebsrat kann auch mehr durchsetzen!

4 Der Betriebsrat will aber vor allem versuchen, für seine Vorhaben und Verhandlungen Rückendeckung durch die Belegschaft zu bekommen!

Diese Ziele wird er jedoch kaum erreichen, wenn er gähnende Langeweile verbreitet. Deshalb:

Vorsicht Langeweile!

Langweilig ist ein Tätigkeitsbericht vor allem dann, wenn er unter dem Gesichtspunkt zusammengestellt wurde, *lückenlos und vollständig* über alle Tätigkeiten des Betriebsrats zu informieren.

Es ist ja zu verstehen, dass ein Betriebsrat gerne über jede Einzelheit seiner Arbeit informieren will. Er steht den Kolleginnen und Kollegen gegenüber unter einem ständigen Rechtfertigungsdruck:

▶ Weil er nur selten ein positives Echo auf seine Arbeit bekommt, glaubt der Betriebsrat, dass die Belegschaft diese nicht recht zu würdigen weiß.

▶ Einzelne Betriebsratsmitglieder werden schon mal angemotzt, wenn sie zur Betriebsratssitzung gehen: »*Na – willst dir wohl 'nen angenehmen Vormittag machen?*« – »*Ach, du gehst wieder Kaffee trinken und etwas plauschen, was?*«

▶ Und: Erfolge des Betriebsrats hält die Belegschaft meist für selbstverständlich; Misserfolge werden hart (wenn auch oft nur hinter vorgehaltener Hand) kritisiert.

Und das führt dann schnell zu einer etwas ›trotzigen‹ Reaktion des Betriebsrats:

»So. Nun wollen wir dieser undankbaren Bande mal zeigen, was wir wirklich getan haben!«

Allerdings:

Nützen wird das nichts, weil in einem ›vollständigen‹ Tätigkeitsbericht die wichtigen Probleme durch eine Fülle weniger wichtiger Einzelheiten erschlagen und verdeckt werden, und weil die Fülle der Einzelinformationen, die im Tätigkeitsbericht untergebracht werden ›müssen‹, dazu führt, dass sie in einer ermüdenden Aufzählung aneinandergereiht werden.

Sogar die reine Aufzählung nur von Erfolgen führt zu Langeweile. So wichtig dem Betriebsrat seine Erfolge auch sein mögen, sie sind Vergangenheit. Die Probleme sind so oder so abgeschlossen, zu ändern ist nichts mehr daran, sie können nur noch zur Kenntnis genommen werden.

Kurz: Erfolge sind der Schnee von gestern. Auch ist etwas dran an dem Spruch:

»Man darf über alles reden, nur nicht über zwanzig Minuten!«

Kein Mensch kann länger konzentriert zuhören, ohne wenigstens zeitweilig abzuschalten. Und für die Beschäftigten, die es meist ja nicht gewohnt sind, in Versammlungen zu sitzen und zuzuhören, gilt das erst recht.

Jede Aufzählung von Zahlen ist also eine Zumutung für die Zuhörenden – ganz egal, ob es sich dabei um statistische Angaben zur Betriebsratsarbeit handelt (wie am Anfang dieses Kapitels gezeigt) oder um detaillierte Ausführungen zur wirtschaftlichen Lage.

▶ **Sind Zahlen *unbedingt* nötig, dann muss man sich für ihre Präsentation etwas einfallen lassen** *(gleich mehr dazu)* ...

Langeweile kommt aber auch auf, wenn ein Bericht wörtlich vom Blatt abgelesen wird – das ist stets langweiliger als eine freie und lebendige Rede. Vor allem aber kann beim Ablesen (der Redner schaut nach jedem fünften Satz misstrauisch hoch, ob sein Publikum noch da ist) ein echter Kontakt zu den Zuhörenden nicht entstehen.

Auch verführt Ablesen nun einmal zu eintönigem, schnellem und pausenlosem Sprechen. Im Grunde ist es *schwieriger*, eine Rede gut (also engagiert, lebendig, in der richtigen Geschwindigkeit und betont) *vorzulesen*, als anhand von Stichworten frei zu reden!

Aber auch wenn der Tätigkeitsbericht gut vorgetragen wird: Der Betriebsrat muss berücksichtigen, dass es für die Zuhörenden immer ermüdend ist, nur einer Stimme über einen längeren Zeitraum hinweg zuzuhören ...

Grundsätze für den wirkungsvollen Tätigkeitsbericht

1 Der Tätigkeitsbericht muss nicht in einem Stück und von nur einer Person vorgetragen werden. Wesentlich besser ist es, den Tätigkeitsbericht zu teilen. Zum Beispiel in einen Teil, der die (notwendigen) Routine-Informationen enthält, und in einen oder mehrere zusätzliche kleinere Tätigkeitsberichte, die zu jeweils einem Schwerpunktthema Stellung nehmen! (Wie man das konkret aufbauen kann, dazu gleich noch mehr.)

2 Der Tätigkeitsbericht soll also arbeitsteilig vorgetragen werden. Die Betriebsratsvorsitzende gibt (zum Beispiel) einen Bericht über Routinefragen ab, Berichte über wichtige Schwerpunktthemen werden dann von anderen Betriebsratsmitgliedern übernommen. Das schafft nicht nur Abwechslung, sondern gibt auch mehr Gelegenheit für zielgerichtete Fragen und Diskussionsbeiträge aus der Belegschaft oder aus dem Kreis der Vertrauensleute (auch dazu gleich noch mehr). Außerdem kann dadurch verhindert werden, dass immer nur der oder die Betriebsratsvorsitzende in der (Betriebs-)Öffentlichkeit auftritt. Und die einzelnen Betriebsratsmitglieder sollten auch durchaus Wert darauf legen, dass die Belegschaft sie bei solchen Gelegenheiten als aktive Betriebsratsmitglieder sieht und erlebt.

3 Themen und Aufbau aller Tätigkeitsberichte sollen im ganzen Betriebsratsgremium vordiskutiert werden. Erst dann übernehmen Einzelne die Aufgabe, diese Tätigkeitsberichte zu formulieren. In der Betriebsratssitzung werden alle möglichen Themen für die nächste Versammlung zusammengetragen. Dabei wird

festgelegt, welche Einzelthemen nur angedeutet, nur aufgezählt werden sollen und
welche Themen ausführlicher zu behandeln
sind. Vor allem muss entschieden werden,
welche Themen in gesonderten Schwerpunktberichten vorzutragen sind.

4 Wenn es im Betrieb gewerkschaftliche Vertrauensleute gibt, dann wird
diese Grobplanung auf einer Vertrauensleutesitzung vorgestellt, besprochen und
– wenn es nötig ist – geändert.

5 Die Ausarbeitung der einzelnen
Berichte übernehmen dann die
Betriebsratsmitglieder, die sie auch auf der
Versammlung vortragen sollen. Es können
sich dazu natürlich auch zwei oder drei
Betriebsratsmitglieder zusammentun oder
ein Schwerpunktbericht wird zunächst
einmal in dem zuständigen Ausschuss
weiterdiskutiert.

6 Der Versuch, einen vollständigen
Überblick über die Arbeit des
Betriebsrats zu geben, ist von vornherein
zum Scheitern verurteilt. Besser, anschau-
licher und wirksamer ist es, wenn stattdessen einige Beispiele und auch einmal
Informationen über die Arbeit des Betriebsrats ausgewählt und zusammengestellt
werden (wie man das konkret machen
kann, wird gleich gezeigt).

7 Fremdwörter, Abkürzungen und
Fachausdrücke sind ganz und gar zu
vermeiden! Betriebsratsmitglieder sind oft
im Laufe ihrer Arbeit zu Experten geworden
(im Betriebsverfasssungsrecht und auf
anderen Gebieten). Fachausdrücke und vor
allem auch Abkürzungen sind in Fleisch und
Blut übergegangen und man benutzt sie,
ohne daran zu denken, dass man sie vor
Kurzem selbst noch nicht gekannt hat.
Vielleicht will man auch nur mal zeigen,

was man alles so gelernt hat – was nützt
das schönste Fachwissen, wenn man's nicht
mal ›raushängen‹ lassen kann? Oder man
will der Geschäftsleitung durch eine
besonders ›fachliche‹ Ausdrucksweise
imponieren.

Wie das auch immer ist – jeder Tätigkeitsbericht muss (mehrfach!) sorgfältig daraufhin untersucht werden, ob er irgendwelche
Ausdrücke enthält, die vielleicht nicht ge-
läufig sind (so sind den Angestellten gän-
gige Fachausdrücke aus der Produktion
unbekannt und umgekehrt). Auch Abkürzungen werden ganz und gar vermieden!

8 Ganz am Anfang dieses Kapitels
haben wir es schon gesagt: Mit
Zahlen und Statistiken muss man im
Tätigkeitsbericht sehr sparsam umgehen.
Und wenn sie denn sein müssen, dann
sollte man alles daran setzen, sie jedenfalls
so eingängig und einprägsam wie möglich
zu präsentieren. Heute bietet sich dafür
eine sogenannte ›Präsentation‹ an, am PC
erstellt und mit Taglichtschreiber oder
›Beamer‹ an die Wand projiziert – zu den
Möglichkeiten und ›Gefahren‹ einer solchen

Präsentation sagen wir gleich noch etwas mehr ...

9 Und schließlich: Nicht die Erfolge des Betriebsrats stehen im Mittelpunkt der Tätigkeitsberichte, sondern die unerledigten Probleme!

? *»Na – das wäre ja noch schöner! Wir wollen doch vorzeigen, was wir geschafft haben! Wenn wir sagen, dass wir ein Problem nicht haben lösen können, geben wir doch eine Schwäche zu. Das kann ja nicht im Interesse des Betriebsrats sein!«*

Oh doch! Denn:

10 Die Betriebsversammlung ist mehr als die Erfolgsverkündungsveranstaltung des Betriebsrats! Richtig eingesetzt, kann die Betriebsversammlung die Verhandlungsposition des Betriebsrats dem Arbeitgeber gegenüber entscheidend verbessern!

Es ist doch so: Der Arbeitgeber hat bei Auseinandersetzungen (scheinbar) oft die besseren Durchsetzungschancen. Er hat die Entscheidungsgewalt über betriebliche Maßnahmen, und nur in bestimmten Fällen hat der Betriebsrat die Möglichkeit, durch Ausnutzung seiner Mitbestimmungsrechte diese Maßnahmen zu beeinflussen oder zu blockieren.

Gelingt es dem Betriebsrat aber, deutlich zu machen, dass die Belegschaft mit einer geplanten Maßnahme nicht einverstanden ist, und muss der Arbeitgeber erkennen, dass er mit Unzufriedenheit, Unruhe oder sogar Widerstand bei der Durchführung dieser Maßnahme zu rechnen hat, verbessert der Betriebsrat seine (rein rechtlich gesehen) vielleicht schwache Position!

Und die Betriebsversammlung ist der Ort, wo das sichtbar, spürbar werden kann!

11 Der Betriebsrat ›betet‹ im Tätigkeitsbericht nicht nur sachlich und ›neutral‹ herunter, was er getan hat. Er bezieht lebendig und engagiert Position. Er bemüht sich darum, die Belegschaft in die Lösung der betrieblichen Probleme und Konflikte einzubeziehen! Ob das gelingt, hängt zum Beispiel von der Gliederung des Tätigkeitsberichts ab (konkrete Vorschläge und Beispiele dazu folgen gleich).

Es ist aber auch eine Frage, *wie* der Tätigkeitsbericht vorgetragen wird. Ist alles wortwörtlich aufgeschrieben und wird vorgelesen, klingt das meist steif, unbeteiligt und irgendwie ›tot‹. Will man auch Gefühle ansprechen (und zeigen), Betroffenheit oder Zustimmung erreichen, braucht man spontane und lebendige Formulierungen.

Und das heißt:

Soll beim Tätigkeitsbericht ›was über die Rampe kommen‹, soll ein ›Funke überspringen‹, geht das nur, wenn man ...

▶ frei anhand eines guten Stichwortkonzepts spricht und

▶ engagiert, lebendig und mit natürlicher Gestik redet.

Nun ist das leichter gesagt als getan. Aber schließlich gibt es Seminare, bei denen man das öffentliche Reden üben kann. Und es gibt auch einen praxisnahen Leitfaden zum Thema Kommunikation und freie Rede:

Wolfgang Fricke: Der Kommunikationstrainer, Bund-Verlag 2013

Präsentieren mit dem ›Beamer‹

Fast gehört es schon zum guten Ton, jedes öffentlich geäußerte Wort durch eine ›Präsentation‹ zu untermalen.

Das heißt, dass die wichtigsten Stichworte des eigenen Vortrags – in unserem Fall also des Tätigkeitsberichts – für alle lesbar an eine Wand projiziert werden; besonders gerne und oft durchsetzt mit sogenannten Geschäftsgrafiken, also mit grafisch in Form von Säulen-, Torten-, Kurven- oder Balkendiagrammen umgesetzten Zahlen.

Technisch ist das heute kaum noch ein Problem. Die Präsentation selber, die einzelnen Schaubilder also, werden am PC mit der dort meist ohnehin vorhandenen Präsentationssoftware (besonders häufig: ›Powerpoint‹) einfach und schnell erstellt – bei ein wenig Übung notfalls in ein paar Minuten.

Diese Schaubilder werden dann mit dem heute meist zur Verfügung stehenden ›Beamer‹ direkt aus dem PC heraus an die Wand projiziert.

Auch wenn es viele und gute Gründe gibt, der grassierenden ›Powerpointeritis‹ skeptisch gegenüber zu stehen (auf einige werden wir gleich noch eingehen): Gerade in Unternehmen haben sich alle an solche Präsentationen gewöhnt – man erwartet sie geradezu.

Deshalb wird sich auch der Betriebsrat diesem Erwartungsdruck nur schwer entziehen können, wenn er nicht als ›rückständig‹ gelten will.

Aber abgesehen davon, bringt eine *gut gemachte* (!) Präsentation auch durchaus Vorteile, insbesondere dann, wenn es gilt, seinem Publikum kompliziertere wirtschaftlich-finanzielle Zusammenhänge nahe zu

bringen, was ohne verständlich dargestellte Zahlen nun einmal nicht geht.

Aber ehe man sich entscheidet, an welchen Stellen des Tätigkeitsberichts und wie man Präsentationen einsetzt, wollen wir uns einen Moment mit den damit verbundenen ›Gefahren‹ beschäftigen.

Und da gilt es vor allem eines zu bedenken: Der Erwartung, dass jeder Vortrag (und der Tätigkeitsbericht ist ja nichts anderes) mit entsprechender Technik begleitet wird, steht heute oft auch ein gewisser Überdruss entgegen (»*Ach du meine Güte, jetzt fangen die auch noch damit an!*«).

Und wie jede Technik lässt sich natürlich auch die Präsentationstechnik gut oder schlecht einsetzen.

Dabei wartet auf den unbedarften Technikfreund gleich eine ganze Serie von Stolpersteinen:

1 Das Schlimmste, was man seinem Publikum antun kann, ist, seinen Vortrag fast komplett in die ›Folien‹ hineinzuschreiben und danach dann zur allgemeinen Erbauung mehr oder weniger nur abzulesen.

▶ **Wenn der Vortrag durch eine Präsentation begleitet werden soll, dann sollten nur die wichtigsten Stichworte oder auch Kernaussagen an die Wand projiziert werden!**

2 Überhaupt muss man sich klar darüber sein, dass das, was groß an der Wand zu lesen ist, in Konkurrenz zu dem steht, was man mündlich mitteilt. Die Zuhörenden müssen sich immer neu entscheiden, wem sie nun ihre Aufmerksamkeit schenken wollen, dem Projizierten oder dem Redenden.

Es ist also durchaus nicht immer geschickt, den kompletten Tätigkeitsbericht mit einer Projektion zu begleiten. Eine Präsentation kann sich durchaus auf bestimmte Teile beschränken, bei denen es vom Inhalt her besonders darauf ankommt, dass diese genau verstanden werden und sich einprägen.

> **Deshalb sollte man für jeden Vortrag eine spezielle Strategie für den jeweils geschicktesten Einsatz der Präsentationstechnik entwickeln!**

Andererseits sollte man auch nicht etwa dauernd hin- und herspringen – Beamer an, Beamer aus.

Gerade bei einem Tätigkeitsbericht, der ja viele verschiedene Einzelthemen umfasst, bietet es sich an, nur ein- oder zweimal im Verlauf des Berichts etwas längere Präsentationsphasen vorzusehen, immer dann nämlich, wenn ein besonders wichtiges, zusammenhängendes Thema vorzustellen ist (beispielsweise die Darstellung der wirtschaftlichen Lage oder ein umfangreicheres Rationalisierungsprojekt).

3 Nichts macht den Erfolg eines Vortrags gründlicher zunichte als eine begleitende Präsentation, die für die Zuschauenden nicht wirklich gut zu erkennen ist – bis in die allerletzte Reihe. Und gerade bei Betriebsversammlungen sind die räumlichen Verhältnisse für eine Präsentation nicht immer optimal – sei es, dass der Raum zu groß (oder zu lang und schmal) ist, sei es, dass Säulen im Wege stehen, sei es, dass es an einer gut reflektierenden und ausreichend dimensionierten Projektionsfläche fehlt.

4 Ausgesprochen nervig (und aufmerksamkeitszerstörend!) ist es auch, wenn der Raum ganz oder halb abgedunkelt sein muss, damit man die projizierten Informationen überhaupt erkennen kann.

Deshalb gilt:

> **Die komplette Technik muss sorgfältig und vor Ort getestet werden: Ist der Beamer lichtstark genug? Wie groß und an welche Stelle muss projiziert werden, damit wirklich von *jedem* Platz aus gute Sicht besteht?**

> **Sind keine zufriedenstellenden Ergebnisse zu erreichen, dann sollte man auf eine Präsentation besser ganz verzichten!**

> **Auch die Präsentation selber muss zuschauerfreundlich gestaltet sein: Wenig Text und wenige Zahlen in ausreichender Größe! Geschäftsgrafiken (Kurven, Säulen usw.) so einfach wie möglich halten und auf alle optischen Kinkerlitzchen verzichten!**

Apropos Kinkerlitzchen!

Software, mit deren Hilfe die Präsentation erstellt werden soll, bietet heute in der Regel eine Fülle sogenannter Vorlagen, die die Erstellung einer Präsentation erleichtern sollen. Davon kann man auch durchaus Gebrauch machen.

Aber man sollte dabei immer die Funktion im Auge haben. Und das heißt:

> ▶ **Man sollte *die* Vorlage auswählen, die am schmucklosesten gehalten ist** und die den *besten Kontrast* bietet (heller Hintergrund, dunkle, ausreichend große Schrift)! Sämtliche Möglichkeiten, die Standardschrift irgendwie zu verändern (Farben, Schattierungen, Umrahmungen), gar nicht oder nur äußerst sparsam und gezielt nutzen!

Hat man sich für eine bestimmte Vorlage entschieden, dann sollte diese für alle weiteren Präsentationen beibehalten werden. Auch die Möglichkeit, den Firmennamen (›Betriebsrat Meyer & Co.‹) und vielleicht so etwas wie ein Logo einzubauen, sollte man durchaus nutzen.

Mehr über Sinn und Unsinn von Präsentationen und Präsentationstechnik ist übrigens hier zu finden:

Wolfgang Fricke: Der Kommunikationstrainer, Bund-Verlag 2013

Bloß keinen Einheits-Tätigkeitsbericht!

Welche Technik man auch immer einsetzen mag: Einen klaren und durchdachten Aufbau des Tätigkeitsberichts ersetzt auch die raffinierteste Technik nicht. Wie also wird ein Tätigkeitsbericht aufgebaut? Die wichtigste Regel ist:

> ▶ *Einen* **Tätigkeitsbericht sollte es gar nicht geben. Jeder Tätigkeitsbericht besteht aus (mindestens) zwei Teilen!**

Und diese Teile sind:

▶ Der Bericht über die allgemeinen, alltäglichen, routinemäßigen Aspekte der Betriebsratsarbeit, über die kleineren

und die erledigten Probleme – das ist dann der **Routineteil des Tätigkeitsberichts**!

▶ Bericht(e) über besonders *wichtige* Probleme und Themen, vor allem über schwebende und noch nicht oder nicht zufriedenstellend erledigte Fragen – das wäre dann der **Schwerpunktteil des Tätigkeitsberichts** (wobei es zu jedem wichtigeren und umfangreicheren Einzelthema einen eigenen abgeschlossenen Bericht gibt).

Zunächst: der Routine-Tätigkeitsbericht

Zugegeben, das hört sich schon mal etwas langweilig an: ›Routine-Tätigkeitsbericht‹. Aber ganz kann der Betriebsrat natürlich nicht darauf verzichten, auch über die alltäglichen Aspekte seiner Arbeit zu informieren – er kann jedoch versuchen, das Beste daraus zu machen.

Wenn wir einmal davon ausgehen, dass die noch unerledigten, umfangreichen, wichtigen und schwierigen Probleme in einem oder mehreren zusätzlichen Schwerpunkt-Tätigkeitsberichten dargestellt werden, dann bleiben für den Routine-Tätigkeitsbericht noch diese Themenbereiche:

▶ Einige Informationen über die Alltagsarbeit und die kleineren Probleme der Betriebsratstätigkeit.

▶ Einige Informationen über die interne Organisation der Betriebsratsarbeit – was, richtig aufgemacht, durchaus interessant sein kann.

▶ Berichte über inzwischen mehr oder weniger erfolgreich abgeschlossene Probleme und Konflikte, über die auf vorangegangenen Betriebsversammlungen schon geredet worden ist.

Damit das aber nicht in einer einschläfernden Aufzählung steckenbleibt (»*Und dann hat der Betriebsrat das getan … und dann hat er noch das gemacht … und dann … und dann …*«), müssen beim Aufbau des Routine-Tätigkeitsberichts zwei Grundsätze beachtet werden:

▶ **Statt vollständiger Aufzählung nur einige konkrete Beispiele etwas ausführlicher darstellen – und zwar auf jeder Betriebsversammlung Beispiele aus einem *anderen* Bereich der Betriebsratsarbeit!**

▶ **Einmal im Verlauf des Berichts über die rechtlichen Grundlagen der Betriebratsarbeit informieren – auch hier für jede Betriebsversammlung eine *andere* rechtliche Frage auswählen!**

Dabei muss man aber aufpassen, dass man nicht des Guten zu viel tut. Zu viele Beispiele machen einen Tätigkeitsbericht zu lang, und mehr als *einen* Informationsblock zu den rechtlichen Grundlagen der Betriebsratsarbeit kann man den Zuhörenden auch nicht zumuten (außerdem nimmt sich der Betriebsrat den ›Stoff‹ für kommende Betriebsversammlungen).

Der Routine-Tätigkeitsbericht wird deshalb immer nach dem gleichen Schema aufgebaut:

Routine-Tätigkeitsbericht Themenblock 1

▶ **Zum Beginn des Routine-Tätigkeitsberichts stellt man einige Alltagsprobleme aus der Betriebsratsarbeit zusammen.**

Natürlich kann nicht alles, was man im Verlauf des letzten Vierteljahrs getan hat, hier untergebracht werden – das wäre doch eine zu lange und langweilige (!) Aufzählung. Aber man bringt eine Reihe von Beispielen, die jeweils nur durch einen Satz oder ein oder zwei Stichworte angedeutet werden.

Außerdem:

▶ ***Eine* typische Alltagsarbeit, *ein* charakteristisches Erlebnis wird etwas ausführlicher geschildert.**

Greift man dann bei jeder Versammlung am Anfang des Routineberichts ein *anderes* Beispiel heraus, bekommen die Kolleginnen und Kollegen im Laufe der Zeit einen guten Einblick in die Arbeit des Betriebsrats – einen besseren Einblick jedenfalls, als wenn jedesmal die ganze Palette der Routineaufgaben runtergeleiert wird, die der Betriebsrat am Hals hat.

Und bei alldem, bitte, keine rhetorischen Seifenblasen machen, sondern immer *konkret* reden – etwa so wie in den folgenden Beispielen:

Liebe Kolleginnen und Kollegen!

Jetzt zu unserem Tätigkeitsbericht.

Wie eigentlich immer hat sich der Betriebsrat auch im letzten Vierteljahr mit einer ganzen Reihe von Problemen herumschlagen müssen. Das waren viele kleinere Fälle, wie sie jeden Tag auf uns zukommen. Es gibt aber auch zwei wirklich brisante Themen, von denen wir fast alle betroffen sein werden.

Ihr habt vielleicht schon davon gehört:

1. Die Geschäftsleitung plant, in der Produktion insgesamt 12 Video-Überwachungs-anlagen aufbauen zu lassen, die eben nicht nur Stockungen im Produktionablauf erfassen, sondern auch der Überwachung dienen können.

2. Es soll im Verwaltungsbereich ein Beurteilungssystem eingeführt werden. Auch hier also: Kontrolle!

Diese beiden Themen sind für uns so schwerwiegend, dass nach meinem einleitenden Bericht zwei weitere Kollegen aus dem Betriebsrat dazu ausführlicher berichten werden.

Aber auch das, was man manchmal etwas leicht als ›Kleinkram‹ abtut, ist für uns als Betriebsrat sehr wichtig. Schon vom Zeitaufwand her nimmt das ja einen großen Teil unserer Arbeit in Anspruch. Na ja – und für die, die solch ein scheinbar kleines Problem bedrückt, ist es natürlich immer eine wichtige Sache!

Auf den elf Betriebsratssitzungen, die wir seit unserer letzten Betriebsversammlung gemacht haben, mussten wir uns unter anderem mit Fragen der Prämienentlohnung beschäftigen. Da gab es vereinzelt Unklarheiten bei der Abrechnung, denen wir nachgehen mussten. Zu unseren Routinearbeiten gehört auch die laufende Kontrolle des Kantinenbetriebs und der Arbeitssicherheitseinrichtungen. Darauf haben wir im letzten Vierteljahr bei unseren Betriebsrundgängen besonders geachtet.

Hier und da hat es auch Beschwerden über den Zustand unserer Sanitäranlagen gegeben, und ein paar Probleme hat uns auch die Eingruppierung der Kolleginnen aus der Abteilung XY gemacht.

Vielleicht sagt ihr nachher in der Aussprache zu diesem Tätigkeitsbericht mal was dazu, aber wir haben den Eindruck, dass es uns gelungen ist, diese Probleme in den Griff zu bekommen.

Ebenfalls zu den Routineproblemen gehörte eine Beschwerde, mit der sich unser Ausschuss für Arbeitsplatzgestaltung eine ganze Weile herumzuschlagen hatte.

Es ging um die Kleiderschränke für unsere Kraftfahrer. Wer da schon mal war, weiß, was das für schmale Dinger waren. Die Ausschussmitglieder haben sich die Sache angeschaut und festgestellt, dass die Beschwerde mehr als berechtigt war. Wir haben also mit dem zuständigen Abteilungsleiter geredet. Der hat sich aber nur gewunden und erzählt, dass er so etwas nicht allein entscheiden könne. Wir mussten mit dieser Sache also tatsächlich an die Geschäftsleitung ran.

Da hat es dann – mit etwas freundlicher Nachhilfe durch uns – ziemlich prompt geklappt. Der Hinweis, dass es zu dieser Sache ganz genaue Vorschriften gibt, hat genügt. Die neuen Kleiderschränke stehen jetzt!

Marginal notes (right column):

Ein ganz ›normaler‹ Einstieg ...

Themen der folgenden Schwerpunkt-berichte ankündigen.

Überleitung zur Aufzählung der Routine-arbeiten ...

Immer konkrete Beispiele bringen.

Bei der Aufzählung auch andeuten, was der Betriebsrat schon getan hat.

Zwischendurch schon einmal eine Aufforderung, sich an der folgenden Diskussion zu beteiligen.

Auch das zentrale Beispiel kurz halten.

Die Geschäftsleitung sollte sich vielleicht einmal fragen, ob es bei solchen Problemchen wirklich nötig ist, sich zu zieren und erst über den ganz langen Dienstweg zu einer vernünftigen Lösung zu kommen ...

Ein kleiner Seitenhieb kann ja nicht schaden.

▶ **Wenn es sich anbietet, kann auch statt des ausführlich dargestellten Beispiels eine rechtliche Hintergrundinformation eingefügt werden!**

Überhaupt sollte es sich der Betriebsrat zur Gewohnheit machen, in jedem Routinebericht – am Anfang oder anderswo – einmal etwas zur rechtlichen Seite seiner Arbeit zu sagen. Wählt er dafür jedes Mal einen anderen, nicht zu komplizierten Fall, dann erfahren die Kolleginnen und Kollegen nach und nach einiges über die tatsächlichen rechtlichen Grundlagen der Betriebsratsarbeit. Da gibt es ja doch immer noch ungeheuer viel Unkenntnis.

Aber, wie gesagt, im ersten Teil des Routine-Tätigkeitsberichts immer nur einen Punkt ausführlich behandeln – entweder ein Beispiel oder eine rechtliche Information!

Routine Tätigkeitsbericht ▶ Themenblock 1 ▶ Rechtliche Frage

Liebe Kolleginnen und Kollegen!

Neun Betriebsratssitzungen haben wir seit der letzten Betriebsversammlung gemacht und dazu noch ungefähr doppelt so viele Ausschusstermine gehabt. Da ist es ja vielleicht kein Wunder, dass mir, als ich mich zur vorletzten Betriebsratssitzung abmeldete, ein Kollege nachrief: Du hast es gut! Du machst eine gemütliche Sitzung, und wir müssen malochen! Ich gebe zu, ich habe erst ein bisschen gezuckt, mich auch geärgert. Aber als ich etwas darüber nachgedacht habe, habe ich dann schon verstanden, dass manchmal solch ein Eindruck entstehen kann – auch wenn der Eindruck wirklich falsch ist. Gerade in dieser Sitzung hatten wir nämlich eine ganze Latte von Problemen auf dem Tisch.

Eine andere Form des Einstiegs: Vorurteile gegenüber dem Betriebsrat aufgreifen – dabei Verständnis für die Kritik zeigen!

Da war zuerst der Bericht des Arbeitssicherheitsausschusses. Dazu mussten wir einige Forderungen diskutieren. Zum Teil hat sich inzwischen etwas getan; die, die davon betroffen sind, haben es gemerkt. Auch mussten wir uns mit einer ganzen Reihe von Anfragen wegen der Urlaubsplanung beschäftigen – die betroffenen Kolleginnen und Kollegen wissen Bescheid.

Aufzählung der Routinearbeiten am Beispiel einer Betriebsratssitzung ...

Ja – und dann hatte uns die Geschäftsleitung einen Entwurf über eine Betriebsvereinbarung zur Torkontrolle vorgelegt. Da steckt so viel Zündstoff drin, dass nach meinem allgemeinen Tätigkeitsbericht ein Kollege euch ganz ausführlich informieren wird ...

Und schließlich gab es noch einige Anträge der Geschäftsleitung auf Neueinstellungen. Ja! Anträge der Geschäftsleitung!

Denn die Geschäftsleitung kann niemanden einstellen, ohne vorher den Betriebsrat zu informieren und ohne dass wir die Gelegenheit hatten, dazu Stellung zu nehmen.

Beginn der juristischen Information ...

Für uns heißt das: Wir kriegen bei jeder neu zu besetzenden Stelle die Bewerbungsunterlagen auf den Tisch – alle! Von allen, die sich bewerben. Die müssen wir dann prüfen – eine Woche haben wir dafür Zeit.

Niemals (!) Gesetzestexte vorlesen; immer ›übersetzen‹!

Dabei haben wir als Betriebsrat allerdings nicht zu prüfen, ob die Bewerber oder Bewerberinnen fachlich etwas können oder nicht oder wer die besseren Zeugnisse hat – das ist Sache der Geschäftsleitung.

Aber was wir überprüfen müssen, ist, ob die geplante Neueinstellung vielleicht Nachteile für irgendjemand anderen bedeuten könnte, der bei uns bereits beschäftigt ist.

Ein Beispiel dazu: Da ist einer Kollegin vom Chef versprochen worden, dass sie einen bestimmten Posten kriegen soll, sowie der frei wird. Jetzt ist er frei geworden. Aber jetzt soll doch jemand anderes von außen genommen werden. Das ist ein Nachteil für die, der der Job versprochen wurde. Klar.

Kein langes Fachreferat – nur ein kurzes Beispiel ...

Und wenn wir so etwas bei unserer Prüfung feststellen, dann können wir auch unsere Zustimmung zur Einstellung verweigern. Das heißt, die Geschäftsleitung darf dann nicht einstellen! Sie müsste zum Arbeitsgericht gehen und überprüfen lassen, ob wir als Betriebsrat Recht haben oder ob sie doch einstellen darf. Das Arbeitsgericht entscheidet also endgültig ...

Einflussmöglichkeiten des Betriebsrats keinesfalls übertreiben!

So. Beide Beispiele begannen jeweils mit einem kurzen Einstieg, weil es sich dabei um den *ersten Teil* des Routineberichts handelte. Gerade der Einstieg, die ersten Sätze eines Berichtes sind auch immer das Schwierigste – und das Wichtigste!

Deshalb soll man sich jedesmal etwas anderes einfallen lassen, mit dem man die Aufmerksamkeit der Zuhörenden wecken will. Hier noch ein paar weitere Beispiele, wie man die ersten Sätze abwechslungsreich formulieren könnte:

Routine Tätigkeitsbericht ▶ Themenblock 1 ▶ Einstiege

Liebe Kolleginnen und Kollegen!

Ich glaube, es war so vor fünf, sechs Tagen, da kam eine Kollegin zu mir in die Sprechstunde und erzählte mir, sie habe eine Abmahnung bekommen. Ich habe mir das angehört und war auch der Meinung, dass da irgendetwas faul dran ist. Ich habe ihr versprochen, dass wir uns darum kümmern. Aber – offen gesagt – ich habe das erst einmal noch gar nicht so dramatisch gesehen. Zunächst jedenfalls.

Eine kleine Geschichte kann ein sehr guter Einstieg sein.

Als mich aber schon am nächsten Tag ein anderer Kollege ansprach, der auch eine solche Abmahnung bekommen hatte ...

Ruhig mal eine Schwäche zugeben ...

Liebe Kolleginnen und Kollegen!

Es ist uns diesmal nicht ganz leicht gefallen, diesen Tätigkeitsbericht zusammenzustellen. Nicht, weil uns nichts eingefallen wäre. Im Gegenteil. Wir haben im letzten Vierteljahr so viele Sachen auf den Tisch bekommen, dass wir das gar nicht alles in einen Tätigkeitsbericht reinpacken können.

Diesen Einstieg kann man auch umdrehen: »Diesmal war es völlig klar, was Schwerpunkt unseres Berichts sein würde ...«

Ich greife also einfach ein paar Probleme raus, die uns auf die eine oder andere Art besonders beeindruckt haben.

Da war zum Beispiel ...

Liebe Kolleginnen und Kollegen!

Alle, die wir hier sitzen, sind rundum zufrieden! Probleme? Probleme gibt's keine! Wir sind eine einzige große Familie – Glück und Harmonie, wo man hinschaut!

Diesen Eindruck muss man jedenfalls haben, wenn man die letzte Ausgabe unserer Betriebszeitung liest.

Einen aktuellen Anlass nehmen und etwas provozieren ...

Nun weiß ich nicht, woran das liegt, aber wir als Betriebsrat haben da einen etwas anderen Eindruck. Ich zähl' einfach mal auf:

21 Beschwerden über die Lohnabrechnung, 17 Beschwerden über das Verhalten von Vorgesetzten, immerhin noch 3 Mitteilungen über ... und so weiter ...

Routine-Tätigkeitsbericht
Themenblock 2

In dem zweiten Abschnitt eines jeden Tätigkeitsberichts soll der Betriebsrat über ein ausgewähltes Problem seiner internen Arbeitsorganisation berichten.

Auch das kann interessant gemacht werden. Alle in der Belegschaft sollten schließlich etwas über die praktische Seite der Betriebsratsarbeit wissen. Sie sollten wissen, wie der Betriebsrat seine Arbeit organisiert hat und wie viel eigentlich dazu gehört. Denn das meiste spielt sich ja üblicherweise hinter den Kulissen ab. Und deshalb gibt es oft völlig falsche Vorstellungen, die dann wieder Missverständnisse zur Folge haben.

Aber:

Wirklich nur einen Punkt darstellen! Und das nicht zu lang und nicht zu kompliziert!

Routine Tätigkeitsbericht ▶ Themenblock 2 ▶ Betriebsratsarbeit

... jede Menge Probleme und Beschwerden also, die wir als Betriebsrat auf den Tisch bekommen. Und trotzdem haben wir den Eindruck, dass wir nicht von allem etwas hören, was für uns wichtig wäre und womit wir uns zu beschäftigen hätten.

Als Übergang: Rückgriff auf den ersten Teil des Routine-Tätigkeitsberichts ...

Es ist schon etwas länger her, da kam ein Kollege in unsere Sprechstunde. Ihr wisst ja, jeden Dienstag ab 14.00 Uhr findet die statt. Ich will jetzt gar nicht erzählen, was der auf dem Herzen hatte. Aber man merkte ihm deutlich an, dass es ihm nicht leicht gefallen war, zu uns zu kommen. Und im Verlauf unseres Gesprächs kamen wir auch darauf zu sprechen:

Auch für den zweiten Teil einen eigenen Einstieg bringen – z. B. eine Geschichte.

Der Kollege war sich selber nicht so ganz sicher, ob das Problem, das er hatte, überhaupt so furchtbar wichtig war. Und mit dieser Unsicherheit im Hinterkopf musste er sich jetzt bei seinem Meister abmelden; hat sich ein paar dumme Bemerkungen anhören müssen. Dann musste er eine ganze Strecke laufen und wurde unterwegs noch ein paarmal angehauen, was er denn während der Arbeitszeit außerhalb seiner Abteilung zu suchen hätte. Viel Aufwand also, um einmal mit dem Betriebsrat zu sprechen.

Nun muss ich zugeben, bisher hatten wir noch gar nicht viel darüber nachgedacht, dass es ja nicht so einfach ist, unser Angebot, in die Sprechstunde zu kommen, auch anzunehmen.

Nach diesem Erlebnis haben wir im Betriebsrat aber über dieses Problem diskutiert. Wir haben unter anderem überlegt, ob es überhaupt Sinn hat, weiter Sprechstunden anzubieten.

Dann haben wir uns jedoch entschieden, dieses Angebot weiter aufrecht zu erhalten. Die Sprechstunden sind ja genutzt worden, und wir wollen natürlich weiterhin jede Möglichkeit geben, zu uns zu kommen.

Wir waren aber der Meinung, dass die Sprechstunde allein nicht genügt, damit wir alles erfahren, was für uns wichtig ist.

Wir werden deshalb von der nächsten Woche an an jedem Donnerstag einen Betriebsrundgang machen. Bisher haben wir das ja auch schon mal getan, aber doch nicht so regelmäßig. Von jetzt an also jeden Donnerstag. Dann könnt ihr euch darauf einstellen.

Wenn's was Eiliges gibt, könnt ihr uns natürlich auch weiterhin jederzeit ansprechen. Ihr wisst ja, wer von uns für eure Abteilung zuständig ist.

Den Rundgang macht jeweils Waltraud oder ich, und wir werden dabei begleitet von dem Betriebsratsmitglied, das für eure Abteilung zuständig ist. Das wird aber nur dann Erfolg haben, wenn ihr uns auch tatsächlich ansprecht.

Ich glaube, wir haben euch durch unsere Arbeit bisher gezeigt, dass wir jedem Problem nachgehen und dass wir für alle Anregungen und auch für Kritik dankbar sind. Deshalb bitte ich euch auch, in der gleich folgenden Aussprache zu unserem Vorhaben mal Stellung zu nehmen ...

Noch einmal: Es schadet gar nichts, eine Schwäche auch einmal zuzugeben – wenn man daraus gelernt hat.

Keine trockene Darstellung eines ›technischen‹ Verfahrens – einfach erzählen, was man vorhat.

Appell an die Zuhörenden ...

Routine-Tätigkeitsbericht
Themenblock 3

▶ **Im dritten und letzten Teil des Routine-Tätigkeitsberichts folgt dann die Darstellung der seit der letzten Betriebsversammlung erledigten Probleme.**

Vor allem hier wird man die Probleme noch einmal aufgreifen, die auf der letzten Betriebsversammlung schon angesprochen wurden. Damit es auch dabei nicht zu einer ermüdenden Aufzählung kommt, konzentriert man sich auf einige der wichtigeren Probleme. Zwei oder drei wird man nur kurz anreißen und das vom Betriebsrat erreichte Ergebnis ›präsentieren‹; ein Problem kann man aber gern etwas ausführlicher schildern.

Am Schluss des Routine-Tätigkeitsberichts steht dann die Aufforderung, bei der nun folgenden Aussprache aktiv an der Diskussion teilzunehmen.

Routine Tätigkeitsbericht ▶ Themenblock 3 ▶ Erledigte Probleme

... Auf der letzten Betriebsversammlung haben wir miteinander einige Probleme diskutiert, genauso wie wir das auch heute tun wollen. Auf zwei immer noch nicht erledigte Fragen gehen gleich noch zwei andere Kolleginnen ausführlicher ein.

Rückgriff auf die letzte Betriebsversammlung ...

Einiges aber konnte im letzten Vierteljahr doch abgeschlossen werden.

Wir haben zum Beispiel bei der letzten Betriebsversammlung festgestellt, dass sich unsere Geschäftsleitung anscheinend ein neues ›Hobby‹ zugelegt hat: ›Abmahnungen sammeln‹. Bei jeder sich bietenden Gelegenheit bekam man schriftlich einen reingewürgt, und das landete dann in der Personalakte.

Den erledigten Fall kurz in Erinnerung rufen.

Wir haben auch gesagt, warum die Geschäftsleitung sowas macht: Sie sammelt vorsorglich Munition, Argumente für vielleicht noch kommende Entlassungen. Und wir haben deutlich gemacht, dass ihr gerade bei solchen Sachen ein Beschwerderecht habt, und wir haben euch gebeten, uns über alle im Laufe des letzten Jahres ausgesprochenen Abmahnungen nachträglich zu informieren. Das ist auch geschehen. Zwölf Kolleginnen und Kollegen sind zu uns gekommen und haben uns die Gelegenheit gegeben, ihre Abmahnungen zu überprüfen.

Wir haben daraufhin mehrere Gespräche mit dem Personalleiter gehabt, mit dem Ergebnis, dass acht der Abmahnungen wieder aus der Personalakte verschwunden sind. Allerdings – das muss man auch sagen – funktionierte das erst dann, als wir angekündigt hatten, dass wir sonst eine Überprüfung dieser Abmahnungen durch das Arbeitsgericht anleiern würden.

Kurz: Was wurde getan, was wurde erreicht?

Außerdem haben wir mit der Geschäftsleitung vereinbart, dass wir zukünftig von jeder Abmahnung automatisch eine Kopie bekommen. Das wird uns die Überprüfung natürlich wesentlich erleichtern.

Nicht langatmig werden! Kurze verständliche Sätze.

Und jetzt können wir feststellen, dass nach diesem Gespräch, also in den letzten sechs Wochen, gar keine Abmahnungen mehr ausgesprochen wurden ... Merkwürdig!? ...

Trotzdem bitten wir euch, uns bei solchen Fällen auch weiterhin zu informieren. Man weiß ja nie ...

... (Weitere ›Erfolgsmeldungen‹ bringen) ...

... Probleme, liebe Kolleginnen und Kollegen, sind unser ›tägliches Brot‹. Man kann nicht gerade sagen, dass wir begeistert sind über jedes Problem, das bei uns landet, aber es ist nun mal unser Job, uns damit zu beschäftigen. Das funktioniert allerdings nur dann, wenn ihr uns über alles informiert, was euch auffällt und ärgert, und wenn ihr uns bei dem Versuch unterstützt, die anstehenden Probleme zu lösen. — **Der Schluss des Berichts ...**

Dazu gehört, dass ihr uns Anregungen gebt und auch offen Kritik äußert. Ich verspreche euch, dass wir alles aufgreifen, und ich bitte euch jetzt, zu diesem Tätigkeitsbericht Fragen zu stellen, Anregungen zu geben oder auch Kritik zu äußern! — **Appell zur Zusammenarbeit und zur Diskussion ...**

▶ **Die Abfassung des Routineberichts ist, wenn man sich an das in unseren Beispielen dargestellte Aufbauschema hält, relativ einfach und führt immer zu einem präsentablen Ergebnis. Hier noch einmal dieser Aufbau in Kurzfassung:**

Themenblock 1:

Aus der Alltagsarbeit des Betriebsrats

▶ Einige Punkte aus der Alltagsarbeit auswählen, die nur kurz genannt werden sollen.

▶ Einen dieser Punkte etwas ausführlicher beschreiben (Worum ging's? Was hat der Betriebsrat getan? Wie ist das ausgegangen?).

Oder:

▶ Einen dieser Punkte benutzen, um eine kurze und verständliche Information über die rechtliche Situation des Betriebsrats zu geben.

Themenblock 2:

Interne Organisation der Betriebsratsarbeit

Hierfür nur einen Punkt auswählen (auf jeder Betriebsversammlung einen anderen!), der beispielhaft zeigt, wie die Arbeit des Betriebsrats praktisch abläuft, wie der Betriebsrat seine Arbeit organisiert hat.

Ein paar Beispiele:

▶ Zeitliche Lage und Dauer der Betriebsratssitzungen. Welche Probleme musste der Betriebsrat lösen? Welche Widerstände von Seiten des Arbeitgebers waren zu überwinden?

▶ Welche Ausschüsse hat der Betriebsrat? Wie arbeiten die Ausschüsse? Gibt es dabei Probleme, und wie werden sie gelöst?

▶ Welche Schulungsmöglichkeiten haben Betriebsratsmitglieder? Wie werden sie genutzt? Wie läuft so ein Seminar ab?

▶ Wie ist die Zusammenarbeit mit der zuständigen Gewerkschaft? Was läuft da ab? Was nützt das dem Betriebsrat?

▶ Zusammenarbeit mit anderen Einrichtungen und Gremien (Gesamtbetriebsrat, Aufsichtsrat, Wirtschaftsausschuss, Berufsgenossenschaft, Integrationsamt der Schwerbehinderten, Gewerbeaufsicht).

Hat es im Themenblock 1 keine Informationen über die rechtliche Lage gegeben, kann das hier nachgeholt werden (beispielsweise zu § 37 Abs. 6 und 7 BetrVG).

Erledigte Probleme und Konflikte

▶ Überprüfen, über welche (seinerzeit noch unerledigten) Probleme auf der letzten Betriebsversammlung berichtet wurde; feststellen, was davon abgeschlossen worden ist.

▶ Bei den wichtigeren Problemen kurz und präzise beschreiben, wie das endgültige Ergebnis aussieht.

▶ Zu einem oder zwei besonders wichtigen Problemen etwas mehr in die Einzelheiten gehen (Was war das Problem? Was hat der Betriebsrat getan? Was ist dabei herausgekommen? Was bedeutet das für die Belegschaft?)

Zum Routine-Tätigkeitsbericht jetzt noch ein paar abschließende Bemerkungen ...

Von der Pflicht zur Kür ...

1 Meist wird wohl der Betriebsratsvorsitzende diesen Bericht übernehmen; das muss aber nicht so sein. Der Betriebsrat kann auch beschließen, dass dieser Bericht durch ein anderes Betriebsratsmitglied übernommen wird – zum Beispiel dann, wenn der Betriebsratsvorsitzende einen der Schwerpunktberichte vortragen soll.

2 Ist die Betriebsversammlung nur einberufen worden, weil dort über ein besonders wichtiges und brisantes Thema informiert und diskutiert werden soll (etwa Abteilungsstilllegung, umfangreiche Rationalisierungsmaßnahmen, Massenentlassungen), kann auf den Routine-Tätigkeitsbericht im Einzelfall auch mal verzichtet werden. Stattdessen wird nur ein Schwerpunktbericht abgegeben.

3 Der umgekehrte Fall ist ebenfalls denkbar (wenn auch ziemlich unwahrscheinlich): Wenn es wirklich kein unerledigtes Problem gibt, das in einem Schwerpunkt-Tätigkeitsbericht dargestellt werden könnte, dann kann ausnahmsweise auch nur der Routinebericht vorgesehen werden.

4 Bei allen Bemühungen, den Routinebericht aufzulockern und interessanter zu gestalten – seine Themen sind nicht gerade dafür geeignet, ›auf die Pauke zu hauen‹ und ein ›rhetorisches Feuerwerk‹ zu veranstalten. Mittelpunkt, Schwerpunkt und Höhepunkt der Betriebsversammlungen werden deshalb immer die Schwerpunktberichte sein! Denn da geht's um die wirklich aktuellen, brisanten und noch ungelösten Probleme ...

Die Schwerpunkt-Tätigkeitsberichte

Zur Erinnerung:

Besonders wichtige oder interessante Einzelprobleme, an deren Lösung der Betriebsrat noch arbeitet, werden in einzelnen, voneinander getrennten Berichten durch unterschiedliche Betriebsratsmitglieder der Belegschaft vorgetragen und zur Diskussion gestellt!

Das heißt auch:

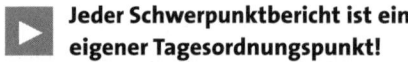
Jeder Schwerpunktbericht ist ein eigener Tagesordnungspunkt!

Ob es nun auf der Betriebsversammlung nur einen oder gleich mehrere Schwerpunktberichte gibt, wird von der betrieblichen Situation abhängen – aber:

Einen **Schwerpunktbericht muss jeder Betriebsrat ›hinbekommen‹ (auch wenn er dafür ein kleineres Problem mal etwas ›aufbohren‹ muss)!**

Dabei gilt:

Ein Schwerpunktbericht ist eigentlich einfacher abzufassen als der Routinebericht. Man muss ja nicht mehrere ganz unterschiedliche Themen unter einen Hut bringen, sondern kann sich voll auf einen Punkt konzentrieren.

Neben den allgemeinen ›Grundsätzen für den erfolgreichen Tätigkeitsbericht‹ (ab Seite 7) gelten für den Schwerpunktbericht noch einige besondere Regeln:

Schon der Einstieg muss so sein, dass die Wichtigkeit des Themas sofort klar wird und die Aufmerksamkeit der Zuhörenden von Anfang an geweckt ist!

Der weitere Aufbau soll so sein, dass die Belegschaft die Möglichkeit hat, das Problem schrittweise zu erkennen und die Meinung und Haltung des Betriebsrats zu verstehen!

Es muss dem Betriebsrat gelingen, sich Zustimmung und Unterstützung der Belegschaft zu sichern (das Problem, um das es geht, ist ja noch nicht gelöst, der Betriebsrat will Rückenstärkung für weitere Schritte haben)!

Schnell hingeschrieben, diese Regeln, aber schwer in die Praxis umzusetzen!

Trotzdem muss man da ran. Und wenn es beim ersten Mal nicht gleich perfekt klappt – da hilft nur Übung!

Ob man dann einen guten Bericht hinbekommt oder nicht, ist vor allem auch eine Frage der richtigen und geschickten Gliederung.

Weil es je nach Thema sehr unterschiedliche Möglichkeiten gibt, einen Bericht aufzubauen, stellen wir nun einige Gliederungsbeispiele vor, aus denen man sich das jeweils (annähernd) Passende aussuchen kann, wenn man vor der Aufgabe steht, einen Schwerpunkt-Tätigkeitsbericht ausarbeiten zu müssen:

Eine Beschwerde

Ganz kurz (!) berichten, wie der Betriebsrat auf das Problem gestoßen ist (zum Beispiel: Kollegin kommt in Sprechstunde, Information durch Vertrauensleute, Entdeckung durch Betriebsrat).

▼

Anschaulich, mit kurzen, klaren Sätzen beschreiben, wie die Situation aussieht, die zur Beschwerde geführt hat. Was müssen die Betroffenen aushalten? Möglichst ein konkretes Beispiel bringen.

▼

Die Folgen der Situation (auch die mittel- und langfristigen) genau und gerne etwas drastisch schildern. Nicht drumrum reden – draufhauen! Wenn möglich, darauf hinweisen, dass so etwas oder etwas Ähnliches auch auf andere zukommen könnte.

▼

Den Vorschlag des Betriebsrats, wie die Situation verändert, verbessert werden könnte, präzise und unmissverständlich formulieren (kurz und zackig: erstens, zweitens, drittens ...).

▼

Aufforderung an den Arbeitgeber, diese Maßnahme einzuleiten! Klar machen, was der Betriebsrat unternehmen wird, wenn das nicht geschieht!

Eine Problembeschreibung

An einem Beispiel deutlich machen, welche Folgen die geplante Maßnahme für die Betroffenen haben wird (möglichst an einer Person festmachen).

▼

Vollständig, sachlich, aber mit kurzen, verständlichen Sätzen beschreiben, wie die vom Arbeitgeber geplante Maßnahme genau aussieht, und welche Folgen das haben wird (jetzt: vollständige Darstellung aller Folgen).

▼

Deutlich die Ziele offen legen, die der Arbeitgeber mit der geplanten Maßnahme verfolgt. Dabei auch langfristige Folgen für zunächst nicht betroffene Abteilungen beschreiben. Immer ganz klar herausstellen, dass das die Position des Arbeitgebers ist!

▼

Klar die Meinung des Betriebsrats zu dieser Maßnahme vorstellen. Sagen, welche ersten (vorläufigen?) Forderungen der Betriebsrat stellen will und wie er sich deren Durchsetzung vorstellt!

▼

Die Belegschaft (die Vertrauensleute) auffordern, in der Diskussion eigene Vorschläge zu machen und den Betriebsrat durch offene Meinungsäußerungen zu unterstützen!

Ein Lösungsvorschlag

Das Problem, um das es geht, durch eine Frage, eine provozierende Behauptung oder ein Beispiel kurz beschreiben oder in Erinnerung rufen!

Vollständig und sachlich alle Einzelheiten des Problems aus der Sicht des Betriebsrats darstellen. Deutlich machen, wie es dazu gekommen ist und wer für die Situation verantwortlich ist (Ist-Zustandsbeschreibung)!

Zu den im vorangegangenen Abschnitt genannten Einzelheiten sagen, wie die Situation nach der Lösung des Problems aussehen sollte, welches Ziel der Betriebsrat also vor Augen hat (Soll-Zustandsbeschreibung)!

Schritt für Schritt darstellen, wie der Betriebsrat dieses Ziel erreichen will! Was will der Betriebsrat tun? Was verlangt der Betriebsrat vom Arbeitgeber (oder auch von anderen Stellen)?

Die Belegschaft auffordern, weitere Vorschläge zur Problemlösung zu machen und um Unterstützung für den Betriebsrat werben. Wenn möglich und nötig, auch zur Teilnahme an Aktionen (Veranstaltungen, Unterschriftenaktionen, weiteren Diskussionen mit Kolleginnen und Kollegen) auffordern!

Ein Verhandlungsbericht

Das Problem kurz in Erinnerung rufen! Das bisher erreichte Verhandlungsergebnis (ganz kurz!) jetzt schon zusammenfassend nennen!

Im Einzelnen beschreiben, was bislang in den Verhandlungen passiert ist, warum es bisher noch zu keinem zufriedenstellenden Ergebnis gekommen ist.

Darstellen, wie der Betriebsrat diese Situation bewertet und welche Ziele er jetzt (weiter oder neu) verfolgen will, welche Forderungen zu stellen wären.

Ganz genau beschreiben, welche Maßnahmen der Betriebsrat ergreifen will, um seine Forderungen doch noch durchzusetzen.

Unterstützung durch die Belegschaft fordern und (wenn das geplant ist) zur Teilnahme an Aktionen aufrufen! Stellungnahmen aus der Belegschaft fordern! Wenn es für nützlich gehalten wird: Arbeitgeber zu einer Stellungnahme auffordern!

Und das sagt der Rechtsexperte:

Vorbereitung auf die Betriebsversammlung

Ein Betriebsratsmitglied darf sich während der Arbeitszeit auf eine Betriebsversammlung vorbereiten.

LAG Frankfurt/M. 23. 8. 1983 – 3 Sa 717/83

Tätigkeitsbericht

Der Tätigkeitsbericht ist vom Betriebsratsvorsitzenden, im Falle seiner Verhinderung vom Stellvertreter, mündlich vorzutragen. Der Betriebsrat kann aber auch ein anderes Betriebsratsmitglied mit der Berichterstattung beauftragen.

Umfasst der Tätigkeitsbericht des Betriebsrats verschiedene Sachgebiete, so kann der Tätigkeitsbericht auch von verschiedenen Betriebsratsmitgliedern, die für die betreffenden Sachgebiete zuständig sind, erstattet werden.

DKKW § 43 Rand-Nr. 9
Fitting § 43 Rand-Nr. 16

Schriftlicher Tätigkeitsbericht

Bei einem umfangreichen Tätigkeitsbericht des Betriebsrats nach § 43 Abs. 1 Satz 1 BetrVG kann es erforderlich sein, den Bericht den Arbeitnehmern schriftlich vorzulegen. Das Gleiche gilt, wenn ein nicht unerheblicher Teil der Belegschaft, aus welchen Gründen auch immer, nicht an der Betriebsversammlung teilnehmen kann.

LAG Baden-Württemberg 10. 2. 1983 – 7 TaBV 5/82

Tätigkeitsbericht des Betriebsrats für ausländische Arbeitnehmer

Der Betriebsrat mag es unter Berücksichtigung der jeweiligen betrieblichen Situation für angemessen halten können, für eine mündliche Übersetzung seines Tätigkeitsberichtes an ausländische Mitarbeiter anlässlich einer Betriebsversammlung Vorsorge zu treffen, und zwar auf Kosten des Arbeitgebers. In einem Kleinbetrieb sind die Kosten für eine schriftliche Übersetzung nicht erstattungsfähig.

LAG Düsseldorf 30. 1. 1981 – 16 TaBV 21/80
ArbG München 14. 3. 1974 – 20 BV 57/73

Dolmetscher

Ein hoher Anteil ausländischer Arbeitnehmer ist ein sachlicher Grund dafür, dass der Betriebsrat zu einer Betriebsversammlung einen Dolmetscher hinzuzieht. Der Arbeitgeber darf für die durch die Übersetzung verlängerte Versammlungszeit kein Arbeitsentgelt abziehen.

ArbG Stuttgart 27. 2. 1986 – 17 Ca 317/85

Kosten für ausländischen Referenten auf Betriebsversammlung

Lädt der Betriebsrat z. B. einen französischen Betriebsratskollegen von einer Schwestergewerkschaft zu einer Betriebsversammlung ein, damit dieser über gemeinsame Probleme und Lösungsmöglichkeiten (Zusammenarbeit zwischen Geschäftsleitung und Betriebsrat, Arbeitszeitregelung, Produktpalette) referiert, hat der Arbeitgeber notwendige Fahrtauslagen und Dolmetscherkosten zu erstatten.

LAG Baden-Württemberg 16. 1. 1998 – 5 TaBV 14/96

Mitarbeiterversammlungen des Arbeitgebers

Der Arbeitgeber ist berechtigt, auf von ihm einberufenen Mitarbeiterversammlungen über betriebliche Belange zu informieren, auch wenn Fragen berührt werden, für die der Betriebsrat zuständig ist. Solche Versammlungen dürfen allerdings nicht zu Gegenveranstaltungen gegenüber Betriebsversammlungen missbraucht werden.

BAG 27. 6. 1989 – 1 ABR 28/88

Unzulässige Mitarbeiterdienstbesprechung des Arbeitgebers

Der Arbeitgeber überschreitet seine Befugnisse im Hinblick auf die Veranstaltung von ›Mitarbeiterversammlungen‹, wenn er diese Versammlungen dazu missbraucht, um die betriebsverfassungsrechtliche Ordnung durch die Abhaltung einer Gegenveranstaltung zur Betriebsversammlung zu stören. Eine ›Mitarbeiterdienstbesprechung‹, die der Arbeitgeber einen Tag nach der Betriebsversammlung anberaumt, erweckt allein schon wegen der unmittelbaren, zeitlichen Nähe den Eindruck einer unzulässigen Konkurrenzveranstaltung. Dieses betriebsverfassungswidrige Verhalten kann der Betriebsrat im Wege des einstweiligen Verfügungsverfahrens untersagen lassen.

ArbG Osnabrück 25. 7. 1997 4 BV Ga 3/97

Gegenveranstaltung des Arbeitgebers

Der Arbeitgeber ist zwar grundsätzlich berechtigt, Versammlungen seiner Arbeitnehmer einzuberufen, auf denen Gegenstände erörtert werden, für die eine Zuständigkeit des Betriebsrats besteht. Allerdings darf der Arbeitgeber eine solche Veranstaltung nicht dazu nutzen, um die betriebsverfassungsrechtliche Ordnung durch Abhaltung einer Gegenveranstaltung gegen eine vom Betriebsrat einberufene Betriebsversammlung zu missbrauchen.

ArbG Duisburg 15. 12. 1993 – 1 B 32/93

Der Arbeitgeber überschreitet seine Befugnis zur Veranstaltung von Mitarbeiterversammlungen, wenn er die Versammlungen dazu missbraucht, die betriebsverfassungsrechtliche Ordnung durch Abhalten einer Gegenveranstaltung zur Betriebsversammlung zu stören.

ArbG Offenbach/Main 16. 6. 2000 – 2 BVGa O 26/00

Arbeitgeberbericht in sogenannten Gemeinschaftsbetrieben

Auch in einem von zwei Stadtgemeinden in gemeinsamer Rechtsform einer Gesellschaft des bürgerlichen Rechts betriebenen Tendenzunternehmen (Theater) haben die Arbeitgeberinnen in der Betriebsversammlung den jährlichen Lagebericht gem. § 43 Abs. 2 Satz 3 BetrVG zu erstatten. Dieser Bericht braucht sich im Normalfall nicht auf die nähere Darlegung künstlerischer Entscheidungen zu erstrecken.

BAG 8. 3. 1977 – 1 ABR 18/75

Wird von den Beschäftigten mehrerer Unternehmen ein einheitlicher Betriebsrat gewählt, muss der Bericht nach § 43 Abs. 2 BetrVG von sämtlichen betroffenen Arbeitgebern für alle Unternehmen in einer Betriebsversammlung gegeben werden.

LAG Hamburg 15. 12. 1988 – 2 TaBV 13/88

ArbG	=	Arbeitsgericht
LAG	=	Landesarbeitsgericht
BAG	=	Bundesarbeitsgericht
DKKW	=	Däubler/Kittner/Klebe/Wedde, Betriebsverfassungsgesetz, Kommentar, 13. Auflage 2012
Fitting	=	Fitting/Engels/Schmidt/Linsenmaier, Betriebsverfassungsgesetz, Kommentar, 26. Auflage 2012

Kapitel 2

Versammlungsplanung – flexibel und sachgerecht

So (ungefähr) sieht ja wohl die ›normale Wald- und Wiesen-Tagesordnung‹ für eine Betriebsversammlung aus:

Tagesordnung:

1. *Eröffnung der Versammlung*
2. *Tätigkeitsbericht des Betriebsrats*
3. *Bericht der Geschäftsleitung*
4. *Referat des Gewerkschaftssekretärs zum Thema: ...*
5. *Aussprache zu den Berichten und Verschiedenes*

Und so einförmig, wie das klingt, laufen Betriebsversammlungen dann ja auch ab – sehr oft jedenfalls:

Zunächst sind mehrere Berichte und Referate mit ganz unterschiedlichen Themen auf die arme Belegschaft niedergeprasselt.

Allein im Tätigkeitsbericht des Betriebsrats wurde schon ein Dutzend verschiedener Probleme oder noch mehr angeschnitten. Und was bildet den krönenden Abschluss? ›Aussprache zu den Berichten‹. Was, bitte, soll die verwirrte Belegschaft da tun?

Peinlich für den Betriebsrat, wenn es wirklich jemanden gäbe, der die Aufforderung zur Aussprache über die Berichte wörtlich nehmen würde – etwa so: »Also ich habe jetzt zwölf Fragen, vier zum Bericht des Betriebsrats, fünf an die Geschäftsleitung und drei an die Gewerkschaftssekretärin! Ich beginne mit Frage 1 ...«

Au Backe! Aber keine Panik ...

Was wirklich passiert, ist wohl eher dies:

1 Es kommen überhaupt keine Wortmeldungen, weil die Zuhörenden durch die verschiedenen Berichte und Referate schlicht erschlagen sind.

2 Wenn doch Wortmeldungen kommen, dann selbstverständlich nicht gezielt zu einem Thema, sondern zu völlig verschiedenen Problemen aus den vorangegangenen Berichten. Oder:

3 Die Diskussionsbeiträge haben mit dem gesamten bisherigen Ablauf der Betriebsversammlung überhaupt nichts zu tun; es werden ganz neue Themen angerissen, die aber nicht vernünftig diskutiert werden können. Deshalb:

Diskussionsmöglichkeit nach jedem Bericht!

? *»Na, da schlägt's dem Fass doch die Krone ins Gesicht! Jetzt meldet sich ja schon fast keiner. Und wenn wir nach jedem Bericht zur Diskussion aufrufen, und es meldet sich immer noch niemand ... Das wird doch nur peinlich, sonst nix!«*

Zugegeben: Da ist was dran. Denn was unsere Kolleginnen und Kollegen hindert, sich in der Betriebsversammlung zu Wort zu melden, ist ja nicht nur die Tatsache, dass die Aussprache zu einem ungünstigen Zeitpunkt stattfindet.

Und die weiteren Gründe für die Zurückhaltung bei der Diskussion muss der Betriebsrat ebenfalls anpacken (wir gehen darauf noch ausführlich ein). Aber der *Zeitpunkt*, für den die Diskussion eingeplant wird, ist eben *auch* ein wichtiges Hindernis und muss deshalb im Rahmen eines durchdachten Versammlungsaufbaus beseitigt werden.

Beginnen wir also mit den Berichten des Betriebsrats oder vielmehr mit dem, was danach kommen soll:

> **Nach dem Routinebericht und nach jedem Schwerpunktbericht wird Gelegenheit zu Fragen, Stellungnahmen, Ergänzungen und Kritik gegeben!**

Das führt natürlich nicht automatisch zu einer Diskussion, erleichtert sie aber. Denn:

▶ Die Belegschaft hat jeweils nur eine relativ kurze Zeit zuhören müssen, sie ist noch nicht ermüdet, wenn zur Diskussion aufgerufen wird.

▶ Es gibt verhältnismäßig wenige Punkte, oder (nach einem Schwerpunktbericht) überhaupt nur ein Thema, zu dem Diskussionsbeiträge kommen können und gefordert werden.

▶ Durch die verhältnismäßig kurzen Einzelberichte und die wechselnden Sprecher entsteht eher eine Gesprächsatmosphäre, die es ebenfalls erleichtert, sich zu Wort zu melden.

▶ Weil (nach einem Schwerpunktbericht) nur Wortmeldungen zu demselben Thema kommen, können die einzelnen Diskussionsredner aufeinander Bezug nehmen – Anschluss-Redebeiträge werden möglich.

Wann redet eigentlich der Arbeitgeber?

Dazu ein bisschen was Grundsätzliches:

> **Der Betriebsrat bestimmt allein, wie die Betriebsversammlung abläuft und wer wann zu Wort kommt!**

> **Der Arbeitgeber oder die von ihm bestimmte Vertretung haben aber das Recht (!), auf jeder Betriebsversammlung zu reden!**

Der Arbeitgeber *darf* also immer dabei sein und auch etwas sagen! Wann aber *muss* oder sollte er auf der Betriebsversammlung auftreten?

Nun, auf jeden Fall gilt § 43 Abs. 2 BetrVG:

> **Mindestens einmal im Kalenderjahr, also auf einer der vier im Verlauf eines Jahres stattfindenden Betriebsversammlungen, *muss* der Arbeitgeber über das Personal- und Sozialwesen und über die wirtschaftliche Lage und Entwicklung des Betriebs berichten.**

Andererseits ist da aber auch noch der § 110 BetrVG. Danach *muss* die Belegschaft in jedem Kalendervierteljahr einmal über die wirtschaftliche Lage und Entwicklung des Unternehmens informiert werden – in Betrieben mit mehr als 1000 Beschäftigten schriftlich, in kleineren Betrieben (21 bis 999 Beschäftigte) kann die Unterrichtung mündlich erfolgen.

Das heißt doch wohl: Entweder vierteljährliche schriftliche Information oder Bericht auf *jeder* Betriebsversammlung ... Und in jedem Fall gilt:

> **Fordert der Betriebsrat den Arbeitgeber ausdrücklich auf, an einer Betriebsversammlung teilzunehmen, *muss* er kommen oder eine sachkundige Vertretung schicken!**

Außerdem gilt:

▶ **Der Arbeitgeber kann nach den Regeln, die für alle gelten, immer dann das Wort ergreifen, wenn er das will!**

Er muss sich allerdings – wie alle anderen auch – zu Wort melden und warten, bis die Versammlungsleitung ihm das Wort gibt!

Normalerweise jedoch wird der Betriebsrat im Ablauf jeder Betriebsversammlung einen Bericht der Geschäftsleitung als eigenen Tagesordnungspunkt vorsehen und einplanen.

Und damit stellt sich die Frage: Wann im Verlauf der Versammlung ist denn nun der günstigste Zeitpunkt? Am Anfang? In der Mitte? Am Ende?

Wir meinen:

▶ **Der Arbeitgeber spricht *auf keinen Fall* am Anfang der Betriebsversammlung!**

Denn die Betriebsversammlung ist eine Veranstaltung *des Betriebsrats*! Und das soll schon dadurch deutlich gemacht werden, dass am Anfang der Betriebsversammlung der Tätigkeitsbericht des Betriebsrats steht.

Dagegen hören wir oft das Argument:

? *»Ja, aber wenn erst der Arbeitgeber spricht, kann der Betriebsrat in seinem anschließenden Bericht gleich auf die Ausführungen des Arbeitgebers eingehen und einiges klarstellen und geraderücken!«*

Das Argument zieht – aber eben nicht so richtig:

1 Es ist doch sehr die Frage, ob das so schnell hinzubekommen ist, in einem unmittelbar anschließenden Tätigkeitsbericht spontane Antworten auf den Bericht des Arbeitgebers einzubauen – zumindest sind damit große Risiken verbunden.

Und außerdem:

2 Betriebsratsmitglieder können auch nach dem Bericht der Geschäftsleitung noch gezielt dazu Stellung nehmen. Das ist sogar wirkungsvoller, als wenn eine solche Erwiderung im Tätigkeitsbericht als einer unter vielen Punkten untergeht.

Das Beste wird sein:

▶ **Der Betriebsrat plant einen Bericht oder eine Stellungnahme des Arbeitgebers nicht routinemäßig immer an derselben Stelle der Betriebsversammlung ein! Vielmehr wird er solche Stellungnahmen an immer verschiedenen und vielleicht auch an mehreren Stellen der Betriebsversammlung vorsehen; immer dort, wo es dem Betriebsrat für den inhaltlichen Ablauf der Versammlung nützlich und sinnvoll erscheint!**

So kann der Betriebsrat zum Beispiel nach seinem Routinebericht zunächst den Bericht der Geschäftsleitung zur personellen, sozialen und wirtschaftlichen Lage vorsehen, um anschließend seine Schwerpunktberichte abzugeben.

Oder – wenn ein allgemeiner Bericht des Arbeitgebers nicht vorgesehen ist – könnte eine Stellungnahme von ihm nach einem Schwerpunktbericht eingeplant werden (siehe dazu auch die Ablaufbeispiele ab Seite 32).

Natürlich muss der Betriebsrat dabei immer aufpassen, dass der Arbeitgeber nicht durch zu viele Redebeiträge die Gestaltung und den Ablauf der Versammlung beeinflusst oder gar die Leitung der Versammlung an sich reißt. Der Betriebsrat muss vielmehr sicherstellen, dass die Versammlung genau nach seinen Vorstellungen abläuft – entsprechend plant er die ›Einsätze‹ des Arbeitgebers ein!

Die Gewerkschaft!

Zu diesem Thema einige Anmerkungen vorweg:

1 Die Gewerkschaft ist mit ihrem Redebeitrag fast immer erst dann dran, wenn die Betriebsversammlung schon langsam ›ausdieselt‹ – am Ende also, wenn die Aufmerksamkeit bereits stark nachgelassen hat.

2 Oft hat diese Rede überhaupt keinen Bezug zu den anderen Themen der Betriebsversammlung; sie wirkt wie ein Fremdkörper, eine reine Pflichtübung!

Deshalb:

▶ **Der Betriebsrat plant Redebeiträge und Stellungnahmen der Gewerkschaft flexibel an verschiedenen und – wenn das sinnvoll erscheint – auch an mehreren Stellen der Versammlung ein!**

So ist es zum Beispiel denkbar, dass eine Gewerkschaftssekretärin nach einem Schwerpunktbericht genau zu diesem The-

ma eine Stellungnahme abgibt, von ihren Erfahrungen in anderen Betrieben mit dem gleichen Problem berichtet oder einen gewerkschaftlichen Vorschlag zur Lösung des Problems erläutert.

Es könnte aber auch sinnvoll sein, dass der Gewerkschaftssekretär gleich nach dem Routinebericht über die allgemeinen Erfahrungen mit einem Problem referiert, das im nachfolgenden Schwerpunktbericht durch ein Betriebsratsmitglied dann konkret für den Betrieb dargestellt wird.

Natürlich ist es manchmal auch notwendig, dass der Gewerkschaftssekretär zu einem Thema spricht, das in der Betriebsversammlung keine größere Rolle gespielt hat – etwa um den Tarifabschluss zu erläutern. In solchen Fällen ist es dann wohl tatsächlich besser, solch einen Beitrag am Ende einer Betriebsversammlung einzuplanen.

Also:

Jede Kombination und Reihenfolge der verschiedenen Redeauftritte ist denkbar. Aufgabe des Betriebsrats ist es, von Fall zu Fall zu entscheiden, welche Reihenfolge für den Inhalt der Betriebsversammlung die sinnvollste ist.

Es gibt aber eine Voraussetzung für einen solchen, auf die Themen der Betriebsversammlung bezogenen Einsatz eines Gewerkschaftssekretärs – und das kann gar nicht nachdrücklich genug gesagt werden:

▶ **Der Betriebsrat muss die Gewerkschaft *rechtzeitig vor* der Betriebsversammlung (mindestens zwei Wochen vorher) über den Inhalt, über die wichtigen Themen der Betriebsversammlung informieren und den Einsatz eines Gewerkschaftssekretärs absprechen!**

Dabei wird dann auch vereinbart, wann sich der Gewerkschaftssekretär ›spontan‹ in Diskussionen einschalten kann (oder soll)!

Und die Arbeitgeber-vereinigung?

Dazu nur ein paar kurze Stichworte:

▶ Von einer Arbeitgebervereinigung kann nur dann jemand an der Betriebsversammlung teilnehmen, wenn der Arbeitgeber Mitglied in dieser Vereinigung ist!

▶ Information und Einladung an den Arbeitgeberverband ist Sache des Arbeitgebers!

▶ Der Beauftragte der Arbeitgebervereinigung darf nur dann an der Betriebsversammlung teilnehmen, wenn auch der Arbeitgeber oder seine Stellvertretung dabei ist!

▶ Der Beauftragte der Arbeitgebervereinigung kann sich (anders als etwa eine Gewerkschaftssekretärin!) nicht einfach zu Wort melden. Nur wenn der Arbeitgeber von der Versammlungsleitung verlangt, dass dem Beauftragten an Stelle des Arbeitgebers das Wort erteilt werden soll, muss dies berücksichtigt werden.

Sachverständige und andere Personen ...

Der Betriebsrat kann noch weitere Personen zur Betriebsversammlung einladen und sie dort zu Wort kommen lassen, und zwar ...

▶ außer dem zuständigen Gewerkschaftssekretär noch andere Sachverständige der Gewerkschaft (etwa vom DGB, von der Hauptverwaltung einer Gewerk-

schaft, von einer Technologie-Beratungsstelle), die zum Beispiel zu einer neuen Überwachungstechnik Stellung nehmen sollen;

▶ ein Betriebsratsmitglied eines anderen Betriebs der gleichen Branche, das über seine Erfahrungen mit einem Problem erzählt, das auf den einladenden Betriebsrat erst zukommt;

▶ einen sachverständigen Arbeitnehmer aus dem Betrieb, der seine Sicht einer vom Arbeitgeber geplanten Maßnahme schildert oder das Funktionieren einer technischen Einrichtung erläutert;

▶ den Betriebsarzt, Sicherheitsbeauftragte, Sicherheitsfachkräfte, die zum Beispiel über Lärmbelästigung und ihre Folgen sprechen;

▶ eine Vertretung der Berufsgenossenschaft, die zu Unfallverhütungsvorschriften, Arbeitsstättenrichtlinien oder ähnlichen Themen referiert (oder auch: Vertretung der Rentenversicherung, der AOK, der Arbeitsagentur usw.); selbstverständlich auch:

▶ ein Mitglied des Gesamtbetriebsrats, des Wirtschaftsausschusses oder Arbeitnehmervertreter aus dem Aufsichtsrat, die über ihre Arbeit oder spezielle Probleme reden.

Wen auch immer der Betriebsrat einladen will – er muss zwei Grundsätze beachten:

▶ **Es sollten nicht zu viele Leute eingeladen werden (mehr als zwei Referenten zusätzlich zu den Betriebsratsmitgliedern, der Geschäftsleitung und der Gewerkschaftssekretärin sind wohl kaum zu verkraften)!**

Es sollen nur Leute eingeladen werden, die tatsächlich etwas zu einem der Themen aus dem Routinebericht oder zu den Schwerpunktberichten zu sagen haben. Also niemals jemanden nur zum Zeitausfüllen einplanen!

Fassen wir zusammen – zwei Arbeitsschritte sind für die Ablaufplanung nötig:

1 Der Betriebsrat sammelt alle Themen, die in der Betriebsversammlung angesprochen werden sollen oder müssen und legt fest, welche Themen im Routinebericht ›verbraten‹ werden, und für welche Themen es sinnvoll ist, einen eigenen Schwerpunktbericht auszuarbeiten!

2 Dann erst entscheidet der Betriebsrat, zu welchem Thema an welcher Stelle ein zusätzlicher Rednereinsatz vorzusehen ist und wann eine Aussprache zu Berichten, Reden und Stellungnahmen stattfinden soll!

Da sich bei diesem Vorgehen die Art und Reihenfolge der einzelnen Versammlungsteile an den natürlich jedesmal unterschiedlichen Problemen und Themen der Betriebsversammlung ausrichtet, müsste dabei auch immer ein anderer Ablauf der Betriebsversammlung herauskommen!

Und hier nun ein paar Beispiele:

Ablaufbeispiel 1

Routine-Tätigkeitsbericht des Betriebsrats mit Aussprache zum Tätigkeitsbericht

Bericht der Geschäftsleitung über die personelle, soziale und wirtschaftliche Lage des Betriebs mit Aussprache zum Bericht der Geschäftsleitung (bei aktiver Beteiligung der Betriebsratsmitglieder!)

Schwerpunkt-Tätigkeitsbericht des Betriebsrats zum Thema ›Arbeitszeiterfassung‹, eventuell mit Ergänzungen zum Thema und Bericht über Erfahrungen in anderen Betrieben durch den Gewerkschaftssekretär, danach Aussprache zu diesem Thema (wieder mit Beteiligung der Betriebsratsmitglieder!)

▼

Schwerpunkt-Tätigkeitsbericht des Betriebsrats zum Thema ›Beurteilungsverfahren in der Verwaltung‹ Stellungnahme und Erläuterung durch die Personalleitung mit Aussprache (unter Beteiligung der Betriebsratsmitglieder)

Ablaufbeispiel 2

Routinebericht des Betriebsrats mit Aussprache zum Tätigkeitsbericht

Referat des Gewerkschaftssekretärs zum Thema: ›Neue Techniken in Produktion und Verwaltung‹

Schwerpunktbericht des Betriebsrats zum Thema: ›Gestaltung der Bildschirmarbeitsplätze in unserer Verwaltung‹ mit anschließender Erläuterung und Stellungnahme des Arbeitgebers

Aussprache zu diesem Thema (mit Beteiligung der Betriebsratsmitglieder und des Gewerkschaftssekretärs); als Diskussionsrednerin dabei: die Betriebsratsvorsitzende eines nahe gelegenen Betriebs der gleichen Branche

Ablaufbeispiel 3

Schwerpunktbericht des Betriebsrats zum Thema ›Abteilung X soll stillgelegt werden‹ mit Aussprache zu diesem Thema; eingeschoben: Stellungnahme und rechtliche Informationen durch den Gewerkschaftssekretär; dann Fortsetzung der Aussprache

Bericht des Arbeitgebers zum Thema ›Stilllegung der Abteilung X‹ mit Aussprache zu diesem Bericht (mit Beteiligung der Betriebsratsmitglieder und des Gewerkschaftssekretärs)

Referat des Gewerkschaftssekretärs zum Thema ›Betriebsänderung – rechtliche Lage und Möglichkeiten der Gegenwehr‹ mit Aussprache über das weitere Vorgehen

Ablaufbeispiel 4

Routinebericht des Betriebsrats mit Aussprache zum Tätigkeitsbericht

Schwerpunkt-Tätigkeitsbericht des Betriebsrats zum Thema ›Verschärfung der Torkontrollen geplant!‹ mit Aussprache zu diesem Thema

Bericht des Arbeitgebers zur personellen, wirtschaftlichen und sozialen Lage des Betriebs

Schwerpunktbericht des Betriebsrats zum Thema ›Abbau betrieblicher Sozialleistungen steht bevor!‹; ergänzende Bemerkungen zur Rechtslage und Stellungnahme durch den Gewerkschaftssekretär; anschließend Aussprache zu den Themenblöcken 3 und 4 (mit Beteiligung der Betriebsratsmitglieder)

Referat des Gewerkschaftssekretärs zum Thema ›Zwischenergebnisse der Tarifrunde‹ mit Aussprache zu diesem Thema

Übrigens:

Es lohnt sich, diese vier Ablaufbeispiele genau anzuschauen!

Sie enthalten viele Anregungen, unter welchen auch taktischen Gesichtspunkten der Betriebsrat vorgehen kann, um immer die größtmögliche Wirkung zu erzielen!

Denn so viel ist klar:

▶ **Wer jede Betriebsversammlung nach dem stets gleichen Schema ablaufen lässt, verschenkt eine Menge Möglichkeiten!**

Ach ja – den obligatorischen (deshalb aber ganz gewiss nicht unwichtigen!) Punkt ›Verschiedenes‹ haben wir bei diesen Ablaufbeispielen nur der Einfachheit halber weggelassen.

Und das sagt der Rechtsexperte:

Nichtöffentlichkeit der Betriebsversammlung

Es liegt kein Verstoß gegen den Grundsatz der Nichtöffentlichkeit der Betriebsversammlung vor, wenn der Betriebsrat auf einer Betriebsversammlung einem betriebsfremden Referenten ein Kurzreferat zu einem sozialpolitischen Thema von unmittelbarem Interesse für den Betrieb und seine Arbeitnehmer halten lässt. Hierzu bedarf es keines Einverständnisses des Arbeitgebers. Der Referent wird hier nicht als Sachverständiger im Sinne des § 80 Abs. 3 BetrVG tätig, auf dessen Person sich Betriebsrat und Arbeitgeber einigen müssen. Der Betriebsrat kann auch Personen die Teilnahme gestatten, die zwar nicht zu den Arbeitnehmern des konkreten Betriebes gehören, aber doch zu diesen Arbeitnehmern kraft ihrer besonderen Funktion eine enge sachliche Verbindung haben, zum Beispiel Mitglieder des Gesamtbetriebsrats, des Wirtschaftsausschusses, Arbeitnehmervertreter im Aufsichtsrat oder auch Leitende Angestellte.

BAG 13. 9. 1977 – 1 ABR 67/75

Arbeitgeber und seine Beauftragten

Nimmt der Arbeitgeber an einer Betriebsversammlung teil, so kann er vom Leiter der Versammlung verlangen, dass dem von ihm hinzugezogenen Beauftragten seiner Arbeitgebervereinigung zu bestimmten Einzelthemen an seiner Stelle und für ihn das Wort erteilt wird.

BAG 19. 5. 1978 – 6 ABR 41/75

Teilnahme von Gewerkschaftsbeauftragten

Der Arbeitgeber kann einem Gewerkschaftsbeauftragten die Teilnahme an einer Betriebsversammlung nicht verwehren. Es besteht auch keine Unterrichtungspflicht gegenüber dem Arbeitgeber. Es besteht deshalb für den Arbeitgeber auch nicht die Möglichkeit, dem Gewerkschaftsbeauftragten die Teilnahme aus einem der in § 2 Abs. 2 BetrVG genannten Gründen zu untersagen.

BAG 14. 2. 1967 – 1 ABR 7/66

Ein Gewerkschaftsbeauftragter kann von der Teilnahme an einer Betriebsversammlung nicht deshalb ausgeschlossen werden, weil er in seiner Eigenschaft als Arbeitnehmervertreter im Aufsichtsrat eines Konkurrenzunternehmens sitzt.

LAG Hamburg 28. 11. 1986 – 8 TaBV 5/86

Recht auf Teilnahme

Der Arbeitgeber darf die Teilnahme an einer Betriebsversammlung nicht einseitig untersagen. Wenn der Arbeitgeber dringende betriebliche Bedürfnisse für die Weiterarbeit einzelner oder von Gruppen von Arbeitnehmern geltend macht, so muss er diese Frage mit dem Betriebsrat klären. Eine Kündigung wegen der Teilnahme ist unzulässig, die Arbeitnehmer haben einen Entgeltanspruch und sind nicht zur Nacharbeit verpflichtet.

LAG Hamburg 12. 7. 1984 – 7 Sa 30/84

Einladung von Vertretern der im Betrieb vertretenen Krankenkassen

Die Hinzuziehung sachkundiger Personen (hier: Krankenkassenvertreter) ist jedenfalls dann nicht zu beanstanden, wenn dem Arbeitgeber dadurch keine besonderen Kosten entstehen und sich das Thema im Rahmen der Maßgaben des § 45 BetrVG hält.

ArbG Paderborn 24. 10. 1996 – 2 BVGa 4/96

Teilnahme von Betriebsratsmitgliedern ausländischer Betriebe

Teilnahmeberechtigt sind auch Mitglieder des Betriebsrats oder vergleichbarer Interessenvertretungsorgane ausländischer Betriebe und Unternehmen, wenn diese mit dem Unternehmen, dem der Betrieb des einladenden Betriebsrats angehört, wirtschaftlich und/oder gesellschaftsrechtlich verbunden sind.

LAG Baden-Württemberg 16. 1. 1998 – 5 TaBV 14/96

Notdienst / Kein Teilnahmeverbot durch den Arbeitgeber

Der Arbeitgeber ist nicht berechtigt, für die Zeit während der Betriebsversammlung Notdienste einzuteilen.

ArbG Hamburg 2. 11. 1979 – 18 Ga BV 1/79

Unter den in § 44 Abs. 1 Satz 1 und 2 BetrVG in Verbindung mit § 17 BetrVG geregelten Voraussetzungen sind die Arbeitnehmer von Gesetzes wegen zur Teilnahme an der Betriebsversammlung berechtigt, ohne dass es einer Freistellung durch den Arbeitgeber bedürfte. Für eine diebezügliche einstweilige Verfügung fehlt es daher sowohl am Verfügungsgrund als auch am Verfügungsanspruch.

LAG München 11. 3. 1987 – 7(8) TaBV 38/86

Keine Behinderung durch den Arbeitgeber

1. Einwendungen gegen eine Betriebsversammlung hat der Arbeitgeber beim Arbeitsgericht im Wege des einstweiligen Rechtsschutzes geltend zu machen.

2. Die Grenzen der dem Arbeitgeber von Rechts wegen zustehenden Einwirkungsmöglichkeiten werden dadurch überschritten, dass er in einem ›PS‹ erklärt, er könne »den Meistern und Leuten nicht empfehlen, diese Versammlung zu besuchen«; es bleibe dem Betriebsrat »unbenommen, für ihre Mitglieder eine private Versammlung abzuhalten«. Durch ein solches ausgehängtes Schreiben wird das Organisationsrecht des Betriebsrats in schwerwiegender Weise beeinträchtigt, was eine Behinderung der Betriebsratstätigkeit darstellt.

3. Der Tatbestand des § 119 Abs. 1 Nr. 2 BetrVG ist bereits mit der Behinderung der Betriebsratstätigkeit bei der Einberufung der Betriebsversammlung vollendet.

OLG Stuttgart 9. 9. 1988 – Ws 237/88

Der Betriebsrat kann dem Unternehmer gerichtlich Äußerungen untersagen lassen, mit denen Belegschaftsmitglieder aufgefordert werden, an einer rechtmäßigen Betriebsversammlung nicht teilzunehmen. Derartige Äußerungen stellen eine Störung der Betriebsratstätigkeit dar.

ArbG Köln 28. 4. 1982 – 7 BV Ga 7/82

Der Arbeitgeber darf die Teilnahme an einer Betriebsversammlung nicht einseitig untersagen. Wenn der Arbeitgeber dringende betriebliche Bedürfnisse für die Weiterarbeit einzelner oder von Gruppen von Arbeitnehmern geltend macht, so muss er diese Frage mit dem Betriebsrat klären. Eine Kündigung wegen der Teilnahme ist unzulässig. Die Arbeitnehmer haben einen Entgeltanspruch und sind nicht zur Nacharbeit verpflichtet.

LAG Hamburg 12. 7. 1984 – 7 Sa 30/84

Der Versuch des Arbeitgebers, eine Betriebsversammlung durch Überhängen der Einladung und das Versprechen eines halben Tages Zusatzurlaub bei Nichtteilnahme zu verhindern, ist ein Verstoß im Sinne von § 23 Abs. 3 BetrVG.

LAG Baden-Württemberg 30. 4. 1987 – 13(7) TaBV 15/86

Themen der Betriebsversammlung

Zu dem Themenkatalog einer Betriebsversammlung (§ 45 BetrVG) können gehören ...

... tarifpolitisch: Information über die geltenden Tarifverträge, Urteile über den für den Betrieb maßgebenden Tarifvertrag, Stand der Tarifverhandlungen, Vorstellungen für die Gestaltung eines neuen Tarifvertrags, Unterrichtung über Auswirkungen von Arbeitskämpfen auf den Betrieb;

... sozialpolitisch: Fragen der Sozialversicherung, Arbeits- und Unfallschutz, berufliche Bildung, Vermögensbildung, flexible Altersgrenze, Eingliederung ausländischer Arbeitnehmer, Arbeitsmedizin;

... wirtschaftspolitisch: allgemeine Wirtschaftspolitik, konkrete wirtschaftliche Maßnahmen des Arbeitgebers, internationale Wirtschaftspolitik, Rohstoff- und Energieversorgung, Subventionspolitik. Auch Fragen, die im Stadium der

Gesetz-gebung sind, können auf Betriebsversammlungen behandelt werden.

DKKW § 45 Rand-Nr. 2–19
Fitting § 45 Rand-Nr. 5–21

Auch die Behandlung gewerkschaftspolitischer Angelegenheiten ist möglich. Zum Beispiel das Referieren über die Durchführung von Wahlen gewerkschaftlicher Vertrauensleute oder deren Aufgaben.

LAG Düsseldorf 10. 3. 1981 – 11 Sa 1453/80

Behandlung (vom Arbeitgeber behaupteter) unzulässiger Themen

Der Streit darüber, ob es sich bei einem Thema um ein zulässiges oder unzulässiges handelt, kann nicht den Arbeitnehmern angelastet werden. Der Arbeitgeber wird nicht automatisch von der Entgeltzahlungspflicht frei, wenn ein unzulässiges Thema behandelt wird. Es ist ihm vielmehr auch bei wesentlichen Verstößen gegen § 45 BetrVG zuzumuten, seine Bedenken betriebsüblich bekannt zu machen und darüber hinaus gegebenenfalls durch einstweilige Verfügung die Erörterung seiner Meinung nach unzulässiger Tagesordnungspunkte untersagen zu lassen.

LAG Bremen 5. 3. 1982 – 1 Sa 374-378/81

Hält der Arbeitgeber die Behandlung einzelner Themen in der Betriebsversammlung für unzulässig und will er deshalb die Entgeltansprüche ablehnen, so muss er seine Bedenken vorher bekannt geben.

LAG Baden-Württemberg 17. 2. 1987 – 8(14) Sa 106/86

Der Bericht über die ›Vertrauensleute-Arbeit‹ im Betrieb ist ein für ein Unternehmen der Metallindustrie grundsätzlich zulässiges Thema einer Betriebsversammlung soweit dieser keine Gewerkschaftswerbung enthält. Hat der Arbeitgeber die Streichung eines solchen Berichts von der bekannt gegebenen Tagesordnung veranlasst, so hat der Arbeitgeber den Versammelten den Lohn für die Zeit (10 Minuten) fortzuzahlen, in der trotzdem der Bericht erstattet wird.

LAG Hamm 3. 12. 1986 – 3 SA 1229/86

Wird in einer Betriebsversammlung der nach § 45 BetrVG zulässige thematische Rahmen überschritten, so berechtigt dies den Arbeitgeber nicht dazu, den Lohnanspruch zu mindern.

ArbG Augsburg 2. 12. 1986 – 5 Ca 1936/86

Eine nur geringfügige Überschreitung des gesetzlich zulässigen Themenkreises von Betriebsversammlungen ist unwesentlich. Als solche Abweichung wird eine maximal viertelstündige Erörterung eines außerhalb des Themenbereiches von Betriebsversammlungen angesiedelten Themas angesehen.

LAG Düsseldorf 10. 3. 1981 – 11 Sa 1453/80

Der Arbeitgeber kann einem Arbeitnehmer, der sich mit einem Diskussionsbeitrag nicht im Rahmen der nach § 45 Abs. 1 Satz 1 BetrVG zulässigen Themen hält, deswegen nicht kündigen, wenn der Betriebsratsvorsitzende als Versammlungsleiter die Fortsetzung des Diskussionsbeitrags nicht verhindert hat.

LAG Frankfurt/M. 13. 3. 1972 – 8 Sa 63/71

Betriebsversammlung während laufender Tarifverhandlungen bzw. während eines Arbeitskampfes

Die Abhaltung der gesetzlich vorgeschriebenen Betriebsversammlung und die Teilnahme daran sind auch während laufender Tarifauseinandersetzungen keine Arbeitskampfmaßnahmen. Es fehlt das Merkmal der Gemeinsamkeit und Planmäßigkeit der Arbeitsniederlegung zur Erreichung des Kampfziels, denn die Betriebsversammlung dient, wenn sie sich im Rahmen ihrer Zuständigkeit nach § 45 BetrVG bewegt, nicht der Erreichung eines Kampfziels.

LAG Baden-Württemberg 5. 5. 1982 – 2 Sa 22/81

Eine zusätzliche Betriebsversammlung über die tarifliche Situation nach Scheitern von Tarifverhandlungen ist jedenfalls dann zulässig, wenn sich eine Vielzahl von Arbeitnehmern des Betriebs an den Betriebsrat mit der Bitte um weitere Information gewandt hat.

ArbG Oldenburg 29. 5. 1989 – 5 BVGa 1/89

Betriebsversammlungen können während eines Arbeitskampfes stattfinden. Die teilnehmenden Arbeitnehmer haben Anspruch auf die Vergütung nach § 44 Abs. 1 Satz 2 und 3 BetrVG, unabhängig davon, ob sie sich an dem Streik beteiligen oder nicht. Die Verpflichtung des Arbeitgebers, allen teilnehmenden Arbeitnehmern die Vergütung nach § 44 Abs. 1 Satz 2 oder 3 BetrVG zahlen zu müssen, stört nicht die Kampfparität.

BAG 5. 5. 1987 – 1 AZR 292/85

Kein Teilnahmerecht des Arbeitgebers an außerordentlichen Betriebsversammlungen

Für die außerordentlichen Betriebsversammlungen, die auf Wunsch des Betriebsrates oder eines Viertels der Belegschaft einberufen werden, besteht kein Teilnahmerecht des Arbeitgebers.

BAG 27. 6. 1989 – 1 ABR 28/88

Wie viele Arbeitgebervertreter?

Bei einem Filialunternehmen muss es der Betriebsrat nicht dulden, dass außer den Geschäftsführern und den Leitern der zentralen Bereiche (Lager, Verwaltung, Fuhrpark, Verkauf) auch noch die Bezirksleiter an der Betriebsversammlung teilnehmen, denen die Leiter der einzelnen Filialen unterstellt sind.

LAG Düsseldorf 4. 9. 1991 – 4 TaBV 60/91

ArbG = Arbeitsgericht

LAG = Landesarbeitsgericht

BAG = Bundesarbeitsgericht

DKKW = Däubler/Kittner/Klebe/Wedde, Betriebsverfassungsgesetz, Kommentar, 13. Auflage 2012

Fitting = Fitting/Engels/Schmidt/Linsenmaier, Betriebsverfassungsgesetz, Kommentar, 26. Auflage 2012

Kapitel 3

Tagesordnung und Einladung

Ein Telefongespräch ...

Betriebsratsvorsitzender: »Hallo? Spreche ich mit der Druckerei von Bödefeld?«

Druckerei: »Aber ja! Was können wir für Sie tun?«

Betriebsratsvorsitzender: »Wir brauchen wieder mal 250 Stück von unserem Vordruck Nr. 0816.«

Druckerei: »Augenblick, ich schau mal nach, hier hab ich's ... Das ist die Einladung zur Betriebsversammlung. Richtig?«

Betriebsratsvorsitzender: »Ja – ganz recht. Sie können die Dinger unverändert nachdrucken. Tagesordnung und so bleibt immer dieselbe. Vielleicht schreiben wir nur bei Punkt 6 statt ›Vermischtes‹ jetzt ›Verschiedenes‹.«

Druckerei: »Reichen denn 250 Stück?«

Betriebsratsvorsitzender: »Auf jeden Fall! Wir machen vier Betriebsversammlungen im Jahr, zehn schwarze Bretter haben wir – äh, das reicht also für die nächsten fünf Jahre ...«

Druckerei: »Na dann, vielen Dank für Ihren Auftrag. Wiedersehen.«

Dieses Telefongespräch ist natürlich erfunden – aber wenn man sich Einladungen zu Betriebsversammlungen ansieht, könnte man meinen, die wären genau so, als Standardvordrucke für mehrere Jahre, zustande gekommen.

Ohne Rücksicht darauf, welche Probleme aktuell sind, welche Themen wirklich auf der Betriebsversammlung besprochen werden sollen, enthalten Einladungen die immer gleichen und nichtssagenden Tagesordnungspunkte, und sie sehen fast immer gleich aus – immer gleich langweilig.

Dabei sollte es doch wohl so sein:

▶ **Die Tagesordnung für die Betriebsversammlung soll die Arbeitnehmer über die konkreten und vor allem die *aktuellen* Probleme, Themen und Fragen, die auf der Betriebsversammlung angesprochen werden, informieren!**

Eine Tagesordnung soll aber auch *Werbung* für die Betriebsversammlung machen; sie soll einen Anreiz zur Teilnahme geben und sie soll es den Arbeitnehmern ermöglichen, sich innerlich auf das einzustellen, was da auf sie zukommt.

Natürlich kann man nicht alle Einzelheiten in die Tagesordnung reinpacken (eine zu lange Tagesordnung wirkt ja eher abschreckend), aber die wichtigen Schwerpunktthemen müssen doch einigermaßen genau beschrieben sein.

Darüber hinaus ist eine aufschlussreiche Tagesordnung auch ein Beitrag zur Diskussionsbelebung. Die Arbeitnehmer wissen nach dem Lesen der Tagesordnung, was sie erwartet, und sie haben die Chance, sich vor der Betriebsversammlung zu überlegen, ob sie zu dem einen oder anderen Thema vielleicht etwas sagen könnten. Ob sie das dann tatsächlich tun, ist natürlich noch von einer Reihe weiterer Faktoren abhängig, die der Betriebsrat ebenfalls beachten muss (mehr dazu in Kapitel 4).

Im Grunde ist es für den Betriebsrat ja nicht schwer, eine vernünftige, das heißt informative Einladung zu erstellen. Die bei der Ablaufplanung (Kapitel 2) zusammengestellten Punkte müssen nur in kurzen griffigen Formulierungen aufgeschrieben zu werden ... Beispiele dazu gibt es am Ende dieses Kapitels.

Einladung an den Arbeitgeber

Ort und Zeitpunkt der Betriebsversammlung müssen mit dem Arbeitgeber abgesprochen werden (dazu auch Kapitel 6).

Trotzdem und zusätzlich gilt:

▶ **Der Arbeitgeber muss zur Betriebsversammlung *noch einmal* ausdrücklich eingeladen werden! Die Tagesordnung ist ihm mitzuteilen!**

Aus dieser Einladung muss auch deutlich hervorgehen, zu welchen Punkten der Tagesordnung, zu welchem Problem der Betriebsrat eine Stellungnahme erwartet. Manchmal mag es allerdings auch im Interesse des Betriebsrats liegen, dies dem Arbeitgeber vorher *nicht* mitzuteilen, um ihn so zu einer unvorbereiteten Meinungs-

äußerung verleiten zu können ... Das muss von Fall zu Fall entschieden werden.

Am günstigsten ist es für den Betriebsrat, sich für Information und Einladung an den Arbeitgeber ein Standardschreiben zurechtzulegen, das in jeweils aktualisierter Form geschrieben und zugestellt wird.

Einladung an die Gewerkschaft

▶ **Die zuständige Gewerkschaft *muss* vom Betriebsrat eingeladen werden! Zeitpunkt, Ort und Tagesordnung sind mitzuteilen!**

Es ist also keine besondere Freundlichkeit des Betriebsrats, wenn er der zuständigen Gewerkschaft die Einladung zur Betriebsversammlung schickt.

Um genau zu sein: Der Betriebsrat muss sogar *alle* Gewerkschaften einladen, von denen wenigstens ein Mitglied im Betriebsrat sitzt (§ 46 Abs. 2 BetrVG).

Ein Vertreter dieser Gewerkschaft(en) kann dann auch ohne weitere Aufforderung an der Betriebsversammlung teilnehmen. Dies darf vom Arbeitgeber auf keinen Fall verwehrt werden.

In der Praxis muss das so laufen, dass der Betriebsrat mit dem Gewerkschaftssekretär mögliche Termine für die Betriebsversammlung abspricht, ehe er darüber einen endgültigen Beschluss fasst und mit dem Arbeitgeber eine entsprechende Vereinbarung trifft.

Hat der Betriebsrat bei seiner Ablaufplanung beschlossen, dass ein Referat oder eine Stellungnahme von Gewerkschaftsseite her nötig ist, wird das zusätzlich und rechtzeitig (mindestens zwei Wochen vor der Versammlung) abgesprochen, damit

Standardschreiben für eine Einladung an den Arbeitgeber

Der Betriebsrat

An die
Geschäftsleitung

Einladung zur Betriebsversammlung am ...

Wie abgesprochen und vereinbart, findet am ...*(Datum)*..., um ...*(Uhrzeit)*...
in ...*(Raum)*... unsere nächste Betriebsversammlung statt. Dazu möchten wir
Sie einladen.

Tagesordnung:

1. Eröffnung der Versammlung und Begrüßung
2. ...
3. ...
4. Schwerpunktthema:
   Einführung von ›Vertrauensarbeitszeit‹
5. Stellungnahme der Geschäftsleitung zur geplanten Einführung
   eines ›Wissens-Management-Systems‹
6. Verschiedenes

Der jährlich von Ihnen abzugebende Bericht zur personellen, sozialen und wirtschaftlichen Situation des Betriebes ist diesmal nicht vorgesehen. Wir erwarten
allerdings eine Stellungnahme zu dem Schwerpunktthema dieser Betriebsversammlung.

Entsprechend unserer Vereinbarung bitten wir Sie, den o. g. Raum für die Betriebsversammlung vorbereiten zu lassen und ebenfalls sicherzustellen, dass alle Beschäftigten unseres Betriebs ohne Probleme an der Betriebsversammlung teilnehmen
können.

Mit freundlichem Gruß
Der Betriebsrat

A.v. Boedefeld

sich der Gewerkschaftssekretär darauf einrichten und sich vorbereiten kann!

Trotz dieser Absprache muss aber auf jeden Fall noch schriftlich eingeladen werden. Da genügt dann aber die Zusendung der Einladung, die der Betriebsrat auch für die Einladung der Arbeitnehmer benutzt.

Einladung am Informationsbrett

Das ist das Übliche und in jedem Fall nötig. Aber: Wie sehen diese Einladungen aus?

Traurig! Traurig! Einige Schreibmaschinenzeilen auf einem weißen Blatt Papier – das ist alles!?

Klar: Eine solche Einladung geht am Informationsbrett zwischen all den anderen Aushängen schlichtweg unter – auch weil die vermutlich alle so oder so ähnlich aussehen. Reklame ist das jedenfalls nicht. Manche Kolleginnen und Kollegen übersehen die Einladung vielleicht sogar.

Dabei kann der Betriebsrat mit nur etwas Phantasie und Geschick durchaus dafür sorgen, dass die Einladung einen höheren Aufmerksamkeitswert bekommt.

Manchmal gibt es dafür auch Vordrucke (›Der Betriebsrat informiert‹ oder so ähnlich) – manche Gewerkschaften stellen ›ihren‹ Betriebsräten so etwas zur Verfügung.

Das allein genügt aber nicht, um die Einladung zur Betriebsversammlung aus dem Einerlei der anderen Aushänge so herauszuheben, dass wirklich alle mit der Nase darauf gestoßen werden.

Wie das selbst mit einfachen Mitteln gelingen kann, zeigen die Beispiele am Ende dieses Kapitels.

Jedenfalls:

▶ **Auch die Belegschaft soll rechtzeitig über die bevorstehende Betriebsversammlung informiert werden, aber nicht zu früh! Drei bis fünf Tage vorher ist wohl der richtige Zeitpunkt!**

Natürlich sind alle Betriebsversammlungen für den Betriebsrat (und die Belegschaft) wichtig. Manchmal aber gibt es Betriebsversammlungen, für die es dem Betriebsrat besonders wichtig ist (oder sein sollte), dass die ganze Belegschaft wirklich kommt und dass sie vorher gut über das Thema der Betriebsversammlung Bescheid weiß.

Das wäre zum Beispiel dann der Fall, wenn ein besonders schwerwiegendes und brisantes Problem Schwerpunktthema einer Versammlung ist (Neubau, Teilstilllegung, umfangreiche Rationalisierungsmaßnahmen, Massenentlassung, Kurzarbeit usw.).

Dafür muss der Betriebsrat dann eine der Wichtigkeit dieses Themas entsprechende, stärker wirkende Form der Einladung benutzen – nämlich die ...

Einladung durch eine Flugblattaktion

Dies ist ein Mittel, um besonders viel Aufmerksamkeit auf eine Betriebsversammlung zu lenken, indem der Betriebsrat zusätzlich zu der ›normalen‹ Einladung durch Aushang auch noch ein Flugblatt erstellt, das er möglichst kurz vor der Versammlung an alle verteilt.

▶ **Durch eine Flugblattaktion wird eine Betriebsversammlung aus der Routine herausgehoben, sie bekommt ein ganz besonderes Gewicht!**

Genau aus diesem Grund sollte diese Form der Einladung aber auch auf Ausnahmefälle beschränkt bleiben. Wird zu jeder oder fast jeder Betriebsversammlung durch Flugblatt zusätzlich informiert und eingeladen, dann wird eben das der Normalfall. Dem Betriebsrat steht dann keine Möglichkeit mehr zur Verfügung, eine bestimmte Betriebsversammlung besonders hervorzuheben.

Übrigens: Der Band 6 der Kleinen Betriebsratsbibliothek, ›Öffentlichkeitsarbeit für Betriebsräte‹, beschäftigt sich ausführlich mit den unterschiedlichen Möglichkeiten der Öffentlichkeitsarbeit des Betriebsrats.

Einladung übers Intranet

Inzwischen nutzen immer mehr Betriebsräte die Möglichkeiten, die ihnen PC, E-Mail, Internet und eventuell auch ein internes Unternehmens-Netzwerk (›Intranet‹ genannt) bieten.

Und natürlich ist gar nichts dagegen einzuwenden, wenn der Betriebsrat etwa via E-Mail oder über das Intranet zur Betriebsversammlung einlädt. Im Gegenteil: Das sorgt für zusätzliche Aufmerksamkeit, und vor allem kann man auf diesem Weg vielleicht Beschäftigte erreichen, die Einladungen am Schwarzen Brett oder sogar Flugblätter bisher ›übersehen‹ haben.

Allerdings sollte der Betriebsrat sich auch heute noch nicht allein auf diesen Informationsweg verlassen – nicht einmal dann, wenn so gut wie alle ›seine‹ Beschäftigten am Bildschirm arbeiten. Er muss vielmehr davon ausgehen, dass für die Nutzung elektronischer Kommunikationsmittel auch in diesem Fall dieselben Anforderungen gelten, wie sie von der Wahlordnung für

Informationen zur Betriebsratswahl vorgeschrieben sind:

Information mithilfe von PC und Netzwerk ist nur zulässig, wenn wirklich *jeder* Arbeitnehmer diese zur Kenntnis nehmen kann – also freien Zugang zu einem netzangeschlossenen Computer hat *und* damit auch umgehen kann!

Könnte also auch nur *ein* Arbeitnehmer (zum Beispiel eine Putzfrau oder ein Auslieferungsfahrer) nachweisen, dass er die Einladung gar nicht zur Kenntnis nehmen *konnte*, dürfte das erhebliche Probleme für den Betriebsrat bedeuten.

Deshalb:

▶ **Das eine (also die Information über Intranet und/oder E-Mail) tun, ohne deshalb das andere (die herkömmliche Information auf Papier) zu lassen! Zweigleisig fährt man eben sicherer ...**

So, und zum Abschluss dieses Kapitels nun noch drei Beispiele für mehr oder weniger einfach herzustellende Einladungen.

BETRIEBSVERSAMMLUNG!

Liebe Kolleginnen und Kollegen!

Am 15. Oktober 2015 findet um 8.00 Uhr in unserer Kantine die vierte Betriebsversammlung in diesem Jahr statt!

Zu folgenden Themen wollen wir informieren und diskutieren:

▶ Was hat der Betriebsrat im letzten Vierteljahr getan?
Ein Tätigkeitsbericht!

▶ Verschärfung der Torkontrollen geplant!
Der Betriebsrat ist dagegen und möchte Meinungen dazu kennenlernen!

▶ Alle ärgern sich über die Kantine!
Der Betriebsrat macht konkrete Vorschläge!

▶ Zahlen, Fakten, Zukunftsaussichten!
Die Geschäftsleitung berichtet – der Betriebsrat antwortet!

▶ Außerdem sammeln wir wieder alle Probleme, Fragen und Beschwerden, die es aktuell so gibt!

Nach jedem Thema gibt es Gelegenheit zu einer offenen Diskussion. Die Chance sollte genutzt werden!

DER BETRIEBSRAT

Natürlich geht es auch immer noch so, mit Filzstift und ohne PC – manchmal sogar sehr gut!

Wohin führt der Weg?

Betriebsversammlung am 15. Oktober 2015
um 8.00 Uhr in der Kantine

Es geht diesmal um mehr als nur einen Rückblick auf die Probleme des letzten Vierteljahrs. Die Geschäftsleitung hat den Betriebsrat – leider wieder zu spät – über einen beabsichtigten Personalabbau in der Produktion informiert. Und das ist dann auch der einzige Tagesordnungspunkt der Betriebsversammlung:

Droht Personalabbau in der Produktion?

1.
Der Betriebsrat berichtet über seinen
Informationsstand

2.
Bericht der Geschäftsleitung über ihre Pläne

3.
Diskussion und Nachfragen
zu den Berichten

4.
Helmut Hansfeld (IG Metall)
referiert zu Modellen und Möglichkeiten
der Gegenwehr

Es darf aber auch etwas Aufwändigeres sein – etwas Fantasie (und ein Foto) genügen dafür!

Nur nicht drängeln – alle bekommen einen Platz!

Noch sind Plätze frei bei unserer

Betriebsversammlung am 15. Oktober 2015 um 8.00 Uhr in der Kantine

Auch diesmal lohnt es sich, zur Betriebsversammlung zu kommen! Die Themen sind für alle wichtig und interessant:

1. Begrüßung und Eröffnung – na gut, vielleicht noch nicht sooo spannend – aber dann geht's los:
2. Tätigkeitsbericht des Betriebsrats
3. Referat der Kollegin Schildmeier von der IG Metall zum Thema:

   Business Data Warehouse – was ist das?
4. Und dieses Thema ist besonders wichtig:

   Zugangskontrolle durch Stimmerkennung
   Eine brandneue Technik mit Chancen und Risiken
5. Verschiedenes

Nach jedem Thema ist Gelegenheit für eine ausführliche Diskussion!

Der Betriebsrat

Und noch ein Beispiel, wie man mit einem schlichten Foto eine Einladung aufwerten kann.

Und das sagt der Rechtsexperte:

Einladung mit Hilfe eines EDV-gestützten Kommunikations-Systems

Muss auf Grund besonderer Umstände eine Betriebsversammlung sehr kurzfristig einberufen werden, so ist die Nutzung eines EDV-gestützten Kommunikationssystems erforderlich.

ArbG München 19. 11. 1996 – 19 BV 00126/96

Einladungsfrist

Das BetrVG enthält über die Form der Einberufung zur Betriebsversammlung keine besonderen Regeln. Ort, Zeit und Tagesordnung sind von Betriebsrat nach pflichtgemäßem Ermessen zu beschließen und den Arbeitnehmern und dem Arbeitgeber rechtzeitig mitzuteilen. Die Einladungsfrist bei der Anberaumung regelmäßiger Betriebsversammlungen wird drei Tage nicht unterschreiten dürfen, damit alle Eingeladenen Gelegenheit zur Kenntnisnahme, Teilnahme und zu deren sachgerechter Vorbereitung bekommen. Je nach den jeweiligen betrieblichen Verhältnissen kann eine längere Einladungsfrist geboten sein.

LAG Düsseldorf 11. 4. 1989 – 12 TaBV 9/89

ArbG = Arbeitsgericht
LAG   = Landesarbeitsgericht

Kapitel 4

Die Diskussion fördern! Von allein läuft nix!

Der Betriebsrat hat alles getan, was in den ersten drei Kapiteln beschrieben wurde (das nehmen wir jetzt einfach einmal an) ...

1 Die Einladung, die an allen Informationsbrettern aushing, war pfiffig gemacht, so dass die Belegschaft nicht nur über die anstehenden Themen bereits vor der Versammlung Bescheid wusste, sondern dass sie schon richtig gespannt darauf war.

2 Die Tätigkeitsberichte waren relativ kurz, aber interessant. Wechselnde Sprecher haben Abwechslung in den Ablauf gebracht und zum Hauptthema hat es eine gut gemachte Präsentation gegeben.

3 Nach jedem Thema war Zeit für eine Aussprache. Auch der Bericht der Geschäftsleitung und die Redebeiträge des Gewerkschaftssekretärs waren sinnvoll in den Ablauf der Versammlung eingefügt.

4 Durch die vorher schon eingeplanten wechselnden Redner entstand in der Versammlung eine lockere Gesprächsatmosphäre, die es der Belegschaft leicht machte, sich spontan zu Wort zu melden.

5 Die Betriebsratsmitglieder waren selbst mit gutem Beispiel vorangegangen und hatten sich ebenfalls an der Diskussion beteiligt.

6 Am Ende jedes Tagesordnungspunkts wurde ausdrücklich aufgefordert, sich an der Diskussion zu beteiligen ...

Genützt hat das alles jedoch nicht so viel – jedenfalls nicht in Bezug auf die Diskussionsfreudigkeit. Denn trotz all dieser Bemühungen herrschte nach jeder Aufforderung, sich an der Aussprache zu beteiligen, Schweigen – ein bisschen verlegen, ein wenig betreten. Stille. Wie peinlich! Und wie ärgerlich!

Die Konsequenz? Ist doch klar – beim nächsten Mal lässt man all das Brimborium und Trallala wieder weg und reißt die Betriebsversammlung so runter wie früher. Hat ja doch keinen Zweck. Die wollen eben nicht. Kann man nix machen!

Oder vielleicht doch vorher nochmal nachdenken? Denn ...

▶ Niemand sollte ernsthaft erwarten, dass die bisher beschriebenen diskussionsfördernden Maßnahmen ›automatisch‹ zu einer lebhaften Aussprache führen!

▶ Und niemand sollte glauben, dass nach Jahren schweigsamer und mühseliger Betriebsversammlungen eine einzige anders aufgebaute und vorbereitete Betriebsversammlung sofort einen sichtbaren Erfolg bringt!

Was der Betriebsrat erstmal braucht, ist ein langer Atem, Geduld und die Bereitschaft weiterzumachen, auch wenn sich ein Erfolg *nicht* sofort einstellt.

Die Kolleginnen und Kollegen müssen den veränderten Ablauf der Betriebsversammlungen ja erst kennenlernen und sich daran gewöhnen. Sie müssen sehen und erleben, dass andere – und das heißt vor allem: die Betriebsratsmitglieder selbst – für eine Diskussion sorgen, Leben in die Bude bringen.

Und dann allmählich wird sich auch der Erfolg einstellen.

Der Betriebsrat muss deshalb zusätzlich zu den genannten sechs Punkten weitere Maßnahmen ergreifen, um Diskussionshemmnisse abzubauen und eine Beteiligung an der Aussprache zu erleichtern.

Preisfrage: Was hindert unsere Kolleginnen und Kollegen eigentlich daran, auf ihrer (!) Versammlung den Mund aufzumachen? Nun, da ist zunächst ...

Der Raum

Was Räume für Betriebsversammlungen betrifft, da ist ja wirklich alles möglich. Der Außendienst eines großen Unternehmens trifft sich in einem Vier-Sterne-Hotel. In einem kleinen Produktionsbetrieb muss man im halbgeräumten Lager auf irgendwelchen Kisten sitzen. Klar ist:

▶ **Der Betriebsrat hat einen Anspruch darauf, dass der Arbeitgeber ihm für die Betriebsversammlung einen geeigneten Raum zur Verfügung stellt!**

Eine Produktionshalle, womöglich kalt und zugig, in der sich die Leute zwischen den Maschinen die Beine in den Bauch stehen müssen, reizt ebenso wenig zur Teilnahme und zur Beteiligung an der Diskussion wie ein viel zu enger, überheizter Raum, in dem die Menschen zusammengedrängt, übereinandergestapelt und eingequetscht sitzen.

Die Mindestanforderungen:

▶ Der Raum muss der Größe der Versammlung angemessen sein. Alle müssen ausreichend Platz haben. Belüftung und Licht müssen ausreichen.

▶ Selbstverständlich(?): Alle haben einen eigenen Sitzplatz. Eine Versammlung stehend zu ertragen, kann niemandem zugemutet werden.

▶ Der Raum muss eine Sitzordnung zulassen, wie sie der Betriebsrat für richtig hält (dazu gleich mehr).

▶ **Der Arbeitgeber muss einen solchen Raum nicht nur ›nackt‹ zur Verfügung stellen, er muss auch für eine den Wünschen des Betriebsrats entsprechende Ausstattung (Stühle, Podium, Pult, Mikrofone) sorgen. Arbeitskräfte für das Um- und Einräumen muss der Arbeitgeber ebenfalls stellen; wenn es nötig ist, muss er damit eine Firma beauftragen.**

Gibt es einen geeigneten Raum auf dem Betriebsgelände wirklich nicht, muss der Arbeitgeber einen Raum außerhalb, aber in der Nähe des Betriebs anmieten und – wenn nötig – auch für die Hin- und Abfahrt sorgen. Aber:

▶ **Lieber einen etwas schlechteren Raum im Betrieb als einen perfekten Raum außerhalb! Nicht (nur) aus Kostengründen – je kürzer und einfacher der Weg zur Versammlung, umso besser für den Besuch und die Versammlungsatmosphäre!**

Und:

Es ist ja vielleicht eine Geschmacksfrage, aber die Ausstattung des Raums sollte, dem Sinn der Versammlung entsprechend, sachlich und nüchtern sein.

Die Sitzordnung

In der Praxis kommen hauptsächlich zwei Formen vor. Einmal die ›Kantinen-Sitzordnung‹. Betriebsversammlungen finden ja sehr oft in Kantinen statt. Und wenn da nicht umgeräumt wird, sitzen die Arbeitnehmer in kleinen Gruppen zu jeweils sechs oder acht Leuten um runde oder eckige Tische zusammen.

So eine Sitzordnung sieht locker aus, und manche Betriebsräte schwören deshalb auch darauf, sie hat aber doch entscheidende Nachteile:

1 Es gibt keine eindeutige Blickrichtung dorthin, ›wo die Musik spielt‹. Ein Teil der Zuhörenden muss verdreht auf den Stühlen sitzen, um zum Rednerpult blicken zu können.

2 Die Versuchung, an den kleinen Tischen miteinander zu reden, ist sehr groß, man wird leicht abgelenkt. Diskussion soll zwar sein, aber nicht so. Abgesehen davon, dass natürlich auch oft über alles Mögliche geredet wird, nur nicht über die Themen der Versammlung.

Besser und zweckentsprechender ist also auf jeden Fall die sogenannte ›Theater-Sitzordnung‹:

▶ **Vorne steht ein Podium und ein Rednerpult (in größeren Versammlungen ab etwa 100 oder 150 Menschen etwas erhöht). Die Belegschaft sitzt in Reihen davor mit Blickrichtung zum Podium.**

▶ **Die Stuhlreihen sollen nicht zu breit sein, so dass auch die Plätze in der Mitte noch gut von den Rändern aus zu erreichen sind. Also einen oder mehrere Gänge einplanen!**

Oft hat es sich im Laufe der Jahre eingebürgert, dass die Belegschaft abteilungsweise in festen Blöcken zusammensitzt. Nun ist nichts dagegen zu sagen, dass die, die sich kennen, auch beieinander sitzen (im Gegenteil – im vertrauten Kreis fällt es leichter, mal den Mund aufzumachen). Aber:

▶ **Eine starre Sitzordnung in Blöcken (zum Beispiel Arbeiter links, Angestellte rechts) muss unbedingt vermieden werden!**

Sehr häufig kann man auch beobachten, dass die Geschäftsleitung zusammen mit dem Betriebsrat vor der Versammlung sitzt. Das ist gefährlich:

1 Die Betriebsversammlung ist allein eine Veranstaltung von Betriebsrat und Belegschaft. Der Betriebsrat beruft die Versammlung ein, gestaltet und leitet sie. Er ist für den Ablauf verantwortlich und hat das Hausrecht. Dies soll auch dadurch deutlich gemacht werden, dass eben der Betriebsrat und nur der Betriebsrat der Versammlung ›vorsitzt‹.

2 Und dann: Wenn jemand eine Beschwerde vortragen will, fällt ihm das natürlich viel schwerer, wenn er während seines Redebeitrages dem obersten Chef in die Pupille gucken muss.

Außerdem haben die manchmal auch ganz nette Tricks drauf ...

Dazu auf der Seite 52 zwei Beispiele ...

Beispiel für die Sitzordnung bei der Betriebsversammlung

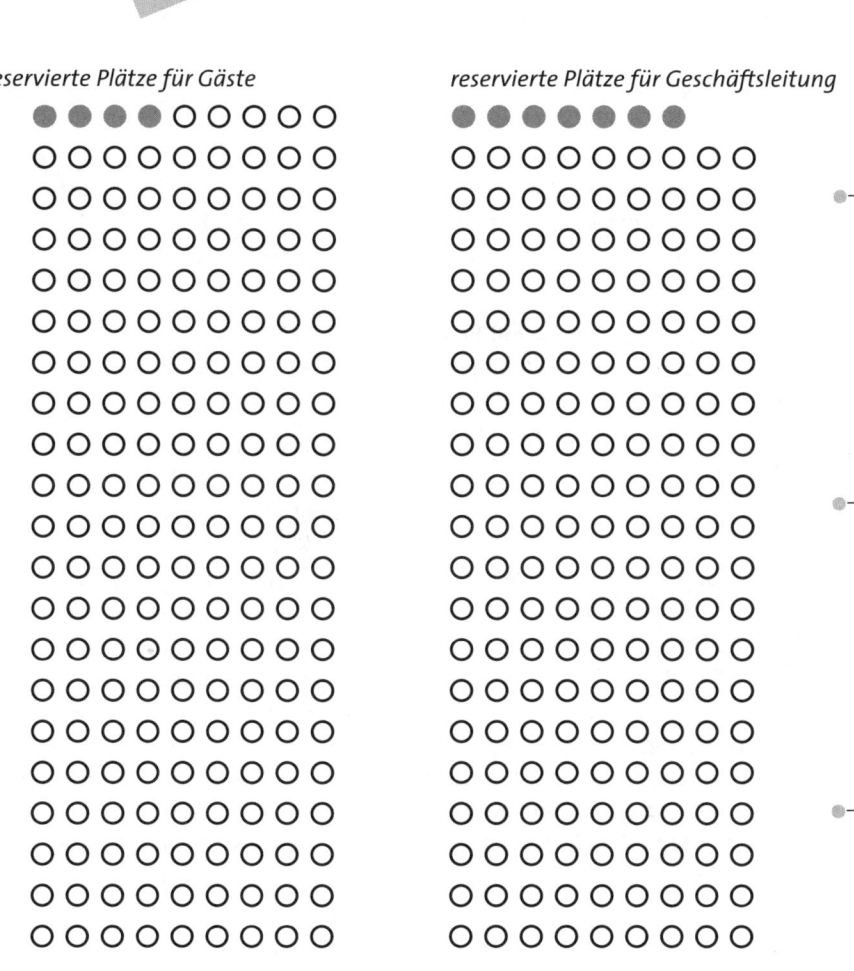

Rednerpult

*auf dem Podium
nur Betriebsrats-
mitglieder*

reservierte Plätze für Gäste

reservierte Plätze für Geschäftsleitung

—● = *mobile Mikrofone
für das Publikum*

▶ Es meldet sich jemand wegen einer Beschwerde oder einer kritischen Frage. Während er redet, steht die Personalchefin halb auf, beugt sich nach vorne und schaut, wer da so was Unverschämtes sagt. Dann setzt sie sich wieder hin und beginnt überdeutlich etwas zu notieren. Der Kollege denkt: »*Mensch – jetzt schreibt die mich auf!*« Ob der sich noch mal meldet?

▶ Oder der Betriebsleiter beugt sich zu seiner Sitznachbarin hin und flüstert ihr etwas ins Ohr – vielleicht etwas ganz Harmloses ... Die redende Kollegin aber denkt: »*Jetzt fragt er die bestimmt, wie ich heiße – Mist!*«

Kurzum:

Sitzt die Geschäftsleitung vorne mit beim Betriebsrat, bietet man ihr jede Menge Möglichkeiten zu verunsichern und einzuschüchtern! Eine Wirkung, die sogar dann eintreten kann, wenn sie von der Geschäftsleitung nicht einmal beabsichtigt ist.

Außerdem:

Sitzen Betriebsrat und Geschäftsleitung zusammen vor der Versammlung, macht das leicht den Eindruck, als wären sie immer und in jedem Fall ein Herz und eine Seele. Also:

▶ **Nur der Betriebsrat sitzt vor der Versammlung auf dem Podium. Sitzt bisher noch die Geschäftsleitung mit dabei, muss dies auf jeden Fall geändert werden! Sofort!**

Mal wieder:

Leicht gesagt, schwer getan. Besonders wenn eine solche Sitzordnung über Jahre und Jahrzehnte üblich war.

Am elegantesten ändert man das erfahrungsgemäß so:

Bei der nächsten Betriebsversammlung (aber wirklich gleich bei der nächsten!) wird das Podium so aufgebaut, dass es nur Plätze für die Betriebsratsmitglieder gibt. Vor jedem Platz steht ein Schild mit dem Namen eines Betriebsratsmitglieds. In der

ersten Reihe des Versammlungsraums werden Stühle für die Geschäftsleitung reserviert. Motto: »Bei uns sitzen Sie in der ersten Reihe!«

Ein Betriebsratsmitglied nimmt dann die Geschäftsleitung beim Eintritt in den Versammlungsraum in Empfang und führt sie höflich und freundlich zu den für sie reservierten Plätzen (»*Meine Damen, meine Herren! Wir haben heute für Sie hier vorne Plätze reserviert, wenn Sie da bitte Platz nehmen wollen ...*«).

▶ »*Nein! Nein, das können wir doch nicht machen. Das lohnt sich doch nicht. Die wären bloß sauer.*«

Kann sein! Aber wahrscheinlich wird die Geschäftsleitung wegen solch einer Sache nicht vor der versammelten Belegschaft einen Streit anfangen wollen. Und sitzen sie erst einmal ...

Natürlich kann es passieren, dass die Geschäftsleitung gekränkt abrauscht. Und nach der Betriebsversammlung gibt's dann eine Beschwerde beim Betriebsrat. Vielleicht mit der Drohung, ›unter diesen Umständen‹ nicht mehr an den Betriebsversammlungen teilzunehmen!

Gelassen bleiben! Keine Geschäftsleitung kann es sich auf Dauer leisten, den Betriebsversammlungen fernzubleiben. Und einmal im Jahr *müssen* sie ja sowieso kommen. Aber auch sonst sind Betriebsversammlungen viel zu interessant und zu wichtig.

Die sicher nötige Auseinandersetzung sollte man also nicht scheuen – hier einige bewährte Argumente:

1 Die Betriebsversammlung ist eine Veranstaltung des Betriebsrats, die Geschäftsleitung ist Gast (wenn's denn hilft: Ehrengast).

2 Auf allen Veranstaltungen ist es ganz selbstverständlich, dass allein der Veranstalter vorne auf dem Podium sitzt. Beim Fußballverein sitzt der Vorstand dieses Vereins vorne und nicht dazu noch der Vorstand des Konkurrenzvereins. Beim Gewerkschaftstag nehmen ja vielleicht Gäste von Seiten der Arbeitgeber teil, sitzen aber nicht auf dem Podium. Und bei der Aktionärsversammlung hat man auch noch nie einen Betriebsrat vorne sitzen sehen ... Überall ist das so – warum sollte es ausgerechnet auf einer Betriebsversammlung anders sein?

Die Betriebsratsmitglieder

Es wurde schon mal nebenbei erwähnt:

▶ **Die Betriebsratsmitglieder müssen bei der Diskussion mit gutem Beispiel vorangehen!**

Klingt total einleuchtend, ist in der Praxis aber trotzdem ganz anders zu beobachten:

Die Betriebsratsmitglieder sitzen zwar alle vorne auf dem Podium, aber es redet nur eine/r. Die anderen sitzen stumm und mit mehr oder weniger gelangweiltem Gesicht am Tisch und gucken Löcher in die Luft.

Da muss sich die Belegschaft doch fragen, *warum* die überhaupt da vorne sitzen, ob die vielleicht nur die schmückende ›Beilage‹ für den Vorsitzenden abgeben – die Petersilie sozusagen.

Und selbst wenn die Tätigkeitsberichte arbeitsteilig abgegeben werden, beschränken sich die daran beteiligten Betriebsratsmitglieder darauf, nur diese Berichte vorzutragen. An einer sich (vielleicht und hoffentlich) entwickelnden Diskussion beteiligt sich kein Betriebsratsmitglied. Sogar die Versammlungsleitung beschränkt sich oft darauf, nur das Wort zu erteilen oder Fragen an die Geschäftsleitung weiterzugeben.

Dahinter steckt ein – wie wir meinen: schwerwiegendes! – Missverständnis.

Der Betriebsrat glaubt, dass seine Rolle auf der Betriebsversammlung nur darin besteht, Berichte abzugeben, für einen reibungslosen Ablauf zu sorgen und sich anzuhören, was die Belegschaft zu sagen hat.

? *»Beteiligen an der Diskussion? Wieso? Die Belegschaft soll sich doch aussprechen! Sollen wir uns denn selber kritische Fragen stellen – oder was?«*

Nun, das vielleicht nicht gerade (obwohl es so unmöglich ja auch nicht wäre). Aber es gibt doch immer Gelegenheiten für die Betriebsratmitglieder, sich sinnvoll und für den Ablauf der Versammlung hilfreich an der Diskussion zu beteiligen:

- kurze Ergänzungen zum Schwerpunkt-Tätigkeitsbericht;
- Stellungnahmen zum Bericht oder zu Redebeiträgen der Geschäftsleitung;
- nochmaliges Verdeutlichen der Meinung des Betriebsrats;
- kritische Fragen an den Arbeitgeber;
- vorläufige Antworten auf Anregungen oder Beschwerden aus der Belegschaft;
- Fragen oder Meinungsäußerungen zu den Ausführungen des Gewerkschaftssekretärs.

Das kann und soll dann vorher schon im Großen und Ganzen abgesprochen sein. Wichtig ist nur:

1 Der Betriebsrat gibt ein gutes Beispiel. Wenn sich die Betriebsratsmitglieder schon nicht trauen, auf der Versammlung den Mund aufzumachen (*so* sehen die Kolleginnen und Kollegen das nämlich!), warum sollte die Belegschaft das dann tun?

2 Eine Gesprächsatmosphäre wird erzeugt, die andere mit sich reißt. Anschluss-Redebeiträge fallen leichter als erste Wortmeldungen!

3 Es wird vermieden, dass die nicht an den Tätigkeitsberichten beteiligten Betriebsratsmitglieder stumm wie die Ölgötzen dasitzen. Jedes Betriebsratsmitglied hat die Möglichkeit, sich als aktiv und kritisch darzustellen und kann (erst einmal mit ganz kurzen) Diskussionsbeiträgen das Reden auf Versammlungen üben, um sich so auf ›größere Aufgaben‹ vorzubereiten (sehr wichtig!).

4 Bei entsprechender Vorbereitung wird die peinliche Situation vermieden, dass zu einer Diskussion aufgerufen

wird und niemand sich meldet. Das ist besonders dann wichtig, wenn der Betriebsrat ein erstes Mal ernsthaft versucht, eine Betriebsversammlung mit mehr Diskussion hinzubekommen!

Mikrofone müssen her!

Eine Versammlung mit mehr als 70 oder 80 Leuten ist ohne technische Hilfsmittel nicht mehr durchführbar.

Die Tätigkeitsberichte des Betriebsrats, die Versammlungsleitung, Berichte und Stellungnahmen des Arbeitgebers und Referate oder Beiträge der Gewerkschaftssekretärin oder anderer Referenten werden vom Rednerpult aus mit Mikrofon vorgetragen!

Das allein genügt aber nicht. Muss man für jede Frage, für jede kurze Meinungsäußerung durch den ganzen Saal zum Rednerpult laufen, um von dort zu reden, ist das ein für die meisten Menschen unüberwindliches Hindernis!

Es ist doch sowieso schon schwer genug, in einer Versammlung zu reden, auch wenn sie noch einigermaßen klein sein sollte. Und wenn man dann zu einem so herausgehobenen Standort gehen muss (schon dabei sehen einen alle an – bildet man sich jedenfalls ein), wird es noch um ein Vielfaches schwerer. Leichter spricht es sich aus einer größeren Gruppe heraus, wenn man vertraute Gesichter neben und hinter sich weiß.

Dieses Diskussionshindernis lässt sich nur durch zusätzlich im Saal verteilte Mikrofone beseitigen. Zwei technische Möglichkeiten gibt es dafür:

1 Standmikrofone in gleichmäßigen Abständen an den Sitzreihen (siehe Abbildung auf Seite 51).

2 Sogenannte ›fliegende‹ Mikrofone, mit Kabel oder drahtlos, die immer allen zugereicht werden, die sich zu Wort gemeldet haben und dran sind. Dies setzt das Vorhandensein von ›Hilfskräften‹ voraus, die diese Aufgabe übernehmen.

Großbetriebe haben oft recht gute eigene ›Beschallungsanlagen‹. Aber auch in anderen Betrieben hat der Betriebsrat das Recht auf eine vernünftige und seinen Wünschen entsprechende Lautsprecheranlage (einschließlich der Saalmikrofone!).

Dazu einen Tipp:

▶ **Der Betriebsrat nimmt selber Kontakt zu einer Spezialfirma auf, die Mikrofonanlagen für Veranstaltungen zusammenstellt und vermietet! Er lässt sich einen Vorschlag ausarbeiten, was die technisch optimale Ausstattung wäre und legt dem Arbeitgeber einen Kostenvoranschlag vor!**

Wie immer, wenn es um die technische Ausstattung für die Betriebsratsarbeit geht, muss der Arbeitgeber die Kosten dafür übernehmen! Deshalb: Der Betriebsrat verhandelt – kommt es zu keiner Einigung, muss das Arbeitsgericht angerufen werden!

Der ›Meckerkasten‹

Weil es so wenig Diskussion auf den Betriebsversammlungen gibt und weil zwar gemeckert wird, aber immer erst dann, wenn die Versammlung vorbei ist, hängen in vielen Betrieben ›Meckerkästen‹, oder es gibt elektronische Varianten etwa im Unternehmensnetzwerk.

Da können und sollen die Kolleginnen und Kollegen ständig und besonders vor Betriebsversammlungen schriftliche Anfragen und Beschwerden abgeben, die dann auf

der Betriebsversammlung durch ein Betriebsratsmitglied vorgelesen werden.

Die Erfahrungen damit sind allerdings etwas fragwürdig. Meistens landet in diesen Kästen alles mögliche, nur keine ernst gemeinten Mitteilungen für den Betriebsrat.

Schwerer wiegt jedoch dies:

▶ **Der Meckerkasten macht es eigentlich überflüssig, auf einer Betriebsversammlung das Wort zu ergreifen. Durch eine (vielleicht sogar anonyme) Mitteilung kann man das wunderbar auf den Betriebsrat abwälzen!**

▶ **Die Wirkung einer Beschwerde, die ein Betriebsratsmitglied vorliest, ist viel geringer als die einer direkt und persönlich auf der Versammlung vorgetragenen!**

Deshalb ist dies besser:

Hilfestellung geben!

Der Betriebsrat soll der Belegschaft Wortmeldungen auf der Betriebsversammlung so leicht wie möglich machen. Er soll sie ihnen aber nicht abnehmen!

Zum Leichtmachen gehört:

1 Alle Betriebsratsmitglieder achten in den Wochen vor der Betriebsversammlung besonders darauf, welche Probleme und Beschwerden in ihrem Zuständigkeitsbereich auftauchen. Die werden natürlich (wie immer) entgegengenommen und zur Bearbeitung weitergegeben. Handelt es sich dabei aber um ein für die kommende Betriebsversammlung interessantes Thema, versuchen sie, die Betreffenden davon zu überzeugen, dass diese ihr Problem, ihre Frage, ihre Beschwerde selbst auf der Betriebsversammlung zur Sprache bringen.

2 Genauso gehen die Betriebsratsmitglieder auch bei den Betriebsrundgängen vor der Betriebsversammlung vor. Sie sammeln also nicht nur Probleme, sondern regen bei passenden Themen eine Wortmeldung bei der Betriebsversammlung an.

3 Alle Betriebratsmitglieder nutzen in den letzten zwei Wochen vor der Betriebsversammlung jede Gelegenheit, über die Themenschwerpunkte der kommenden Betriebsversammlung zu informieren – bei Gesprächen am Arbeitsplatz, bei Betriebsrundgängen und Pausengesprächen. Wird bei diesen Gesprächen deutlich, dass jemand zu einem der anstehenden Versammlungsthemen etwas zu sagen haben könnte – gleich festnageln und auffordern, das auf der Betriebsversammlung öffentlich zu tun!

Solche Gelegenheiten bieten sich immer wieder – wenn man danach sucht und alle anfallenden Gespräche auch unter diesem Gesichtspunkt führt.

Denn in solchen Vier-Augen-Gesprächen äußern sich die Kolleginnen und Kollegen oft ziemlich frei. Da sagen sie dann schon mal: »Ja – das ist wirklich gut, dass ihr das anpackt, mir zum Beispiel ist da grade Folgendes passiert ...« Oder: »Also, um das Problem müsstet ihr euch als Betriebsrat mal kümmern ...!«

Wenn dann das Betriebsratsmitglied, diese Gelegenheit erkennend, sagt: »Seh' ich auch so. Das ist wirklich ein Problem, und du würdest uns sehr helfen, wenn du das auf der nächsten Betriebsversammlung mal ganz deutlich sagst ...«, dann wird die Reaktion darauf natürlich fast immer blankes Entsetzen sein (»Kann ich nicht, ich bin doch kein Redner« – »Nee – wie soll ich das denn machen?«). Deshalb:

▶ **Die Betriebsratsmitglieder regen solche Redebeiträge nicht nur an. Sie stoßen sofort weiter nach und bieten ihre konkrete Hilfe bei der Ausarbeitung und Formulierung eines entsprechenden Redebeitrags an!**

So zum Beispiel: »Klar, das ist wirklich schwierig. Aber pass mal auf, wir setzen uns gleich kurz zusammen und arbeiten das gemeinsam aus. In Ordnung?«

Bleiben wir realistisch:

Solche Versuche werden – vor allem am Anfang – nur recht selten zu einem echten Erfolg führen. Da brauchen die Betriebsratsmitglieder Geduld, langen Atem und vor allem viel Verständnis dafür, wie schwer es unseren Kolleginnen und Kollegen fällt, auf der Betriebsversammlung etwas zu sagen.

Aber auch wenn es nur gelingt, durch diese Aktionen bloß einen oder zwei zusätzliche Redebeiträge herauszukitzeln, hat sich der Aufwand schon gelohnt.

Vertrauensleute einschalten!

Es sollte ja eigentlich eine Selbstverständlichkeit sein:

▶ **Wo es gewerkschaftliche Vertrauensleutegruppen gibt, wird die Betriebsversammlung von Betriebsrat und Vertrauensleutegruppe gemeinsam vorbereitet! Dazu gehören das Absprechen und Vereinbaren von Redebeiträgen einzelner Vertrauensleute!**

Die Themenschwerpunkte der Betriebsversammlung werden gemeinsam festgelegt. Dann wird besprochen, an welchen Stellen der Betriebsversammlung Vertrauensleute mit Redebeiträgen den Betriebsrat unterstützen können.

Beispiele:

▶ Fragen zum Tätigkeitsbericht, die dem Betriebsrat Gelegenheit geben, einen besonderen Aspekt des Themas noch einmal zu erläutern;

▶ Fragen an die Geschäftsleitung, die der Betriebsrat im Augenblick selber (noch) nicht stellen will;

▶ Vorbringen von Beschwerden, die zu einem Themenschwerpunkt passen;

▶ Schilderung von arbeitsplatzbezogenen Problemen;

▶ Darstellung der Stimmung in einer Abteilung oder Arbeitsgruppe.

Wichtig ist dabei:

▶ **Gleich Nägel mit Köpfen machen! Konkret festlegen und vereinbaren, welche Vertrauensperson wann und zu welchem Thema etwas sagen wird!**

▶ **Erfahrene Betriebsratsmitglieder bieten ihre Hilfe bei der Ausarbeitung der Redebeiträge an!**

Aber auch dort, wo es keine Vertrauensleute gibt, wird der Betriebsrat mit einzelnen engagierten und vertrauenswürdigen Kolleginnen und Kollegen vor der Versammlung in gleicher Form Redebeiträge vereinbaren.

Noch einmal:

Bei allen hier vorgeschlagenen Verfahren muss der Betriebsrat realistischerweise damit rechnen, dass nicht alles auf Anhieb klappt. Fehler, Rückschläge, Enttäuschungen sind mit solchen Versuchen so gut wie immer verbunden. Es braucht mehrere Betriebsversammlungen und immer neue Versuche und Anläufe, bis endlich die Diskussion auf der Betriebsversammlung zur Selbstverständlichkeit geworden ist!

Kapitel 5

Versammlungsleitung und Protokollführung

Wie die Versammlung abläuft, ob die bisher beschriebenen Verfahren, eine lebendige Diskussion zu ermöglichen und zu fördern, wirklich greifen und (jedenfalls mittelfristig) Erfolg haben, das hängt entscheidend von der Versammlungsleitung ab.

Wir listen mal auf, was die Aufgaben einer Versammlungsleitung sind und worauf bei *jeder* Versammlung geachtet werden muss:

1 Die Versammlung wird eröffnet und die Anwesenden werden begrüßt – auch die Gäste! Und wenn's irgend möglich ist – bitte! – nicht zu viel Drumherum und salbungsvolles Gerede. Kurz und sachlich.

Ein (kleines) Problem dabei ist manchmal schon die Anrede. Das wird von Betrieb zu Betrieb ganz unterschiedlich gehandhabt. Nichts verkehrt macht man mit dieser Anrede:

»Liebe Kolleginnen und Kollegen, meine Damen und Herren!«

Die Gäste (dazu gehört auch der Arbeitgeber!) müssen in dieser Anrede noch nicht auftauchen, sie werden extra begrüßt oder zumindest erwähnt. Deshalb kann es dann so weitergehen:

»Die vierte Betriebsversammlung in diesem Jahr ist eröffnet. Wir haben auch bei dieser Betriebsversammlung Gäste. In Vertretung der Geschäftsleitung: ...(Namen und Funktion)... Von unserer Gewerkschaft (...) wird uns wieder die Kollegin ...(Name)... unterstützen.« Kleine Pause, dann, wenn das der Fall sein sollte, weitere Gäste vorstellen.

2 Vorstellung der Tagesordnung und einige Bemerkungen zum geplanten Versammlungsablauf. Die Tagesordnungspunkte aus der Einladung werden vorgelesen. Dabei deutlich machen, dass auch Themen, die nicht auf der Tagesordnung stehen, unter Punkt ›Verschiedenes‹ angesprochen werden können.

Wenn der Betriebsrat den Ablauf der Versammlung anders als früher vorausgeplant hat (zum Beispiel mehrere Tätigkeitsberichte, Diskussion nach jedem Thema), sollte dies *kurz* erläutert werden. Dazu dann noch ein erster Aufruf, sich an den Diskussionen lebhaft zu beteiligen.

3 Der erste Tagesordnungspunkt wird aufgerufen. Worterteilung für den ersten Bericht. Das Thema wird noch einmal genannt, und es wird gesagt, wer als Erstes sprechen wird. (*»Zunächst wird Kollegin ... über die Arbeit des Betriebsrats im letzten Vierteljahr berichten. Ich erinnere daran, dass wir für zwei besonders wichtige Probleme eigene Tagesordnungspunkte vorgesehen haben.«*)

Es wird vielleicht schon deutlich, dass hier eine kleine Schwierigkeit auftauchen kann:

Grundsätzlich wird wohl der Betriebsratsvorsitzende die Versammlung leiten. Das muss aber nicht immer und vor allem auch nicht während der ganzen Versammlung so sein.

Ein Problem gibt es zum Beispiel, wenn der Vorsitzende den Routinebericht abgeben soll, gleichzeitig aber als Versammlungsleiter sich selber ankündigt und nach dem Bericht auch die Diskussion dazu leitet.

Das kann man vermeiden, wenn der Betriebsratsvorsitzende für die Ankündigung seines Berichts und für die Leitung der anschließenden Diskussion die Versammlungsleitung an seinen Stellvertreter oder ein anderes Betriebsratsmitglied abgibt (muss natürlich vorher abgesprochen sein).

Zurück zur Versammlungsleitung:

Der erste Bericht ist dran. Kurze Ankündigung. Dann das Wort erteilen. Pult räumen. Der Bericht kann beginnen.

Dieses Verfahren wiederholt sich dann bei jedem Tagesordnungspunkt in etwa der gleichen Weise.

4 Nach jedem Bericht oder jedem Referat übernimmt die Versammlungsleitung dann wieder die Leitung der Diskussion!

Auch hier bitte:

Verzicht auf alle Schnörkel und auf im Grunde nichtssagenden Phrasen! Es ist ja eine Geschmacksfrage, aber was soll so etwas: »*Wir danken der Rednerin für ihre interessanten und erhellenden Ausführungen. Ich glaube, wir alle hier sind froh, dabei gewesen zu sein, und haben ihr wesentliche Erkenntnisse zu verdanken ... bla bla bla.*«

Entweder, die Rede war wirklich interessant (dann haben die Zuhörenden das auch so gemerkt) oder es ist pure Heuchelei. Auf jeden Fall hilft es nicht weiter. Ohne Verrenkungen und Verzierungen übernimmt die Versammlungsleitung das Wort und leitet zur *Diskussion* über.

5 Das Thema des vorangegangenen Berichts wird ganz kurz (!) aufgegriffen, man gibt zwei, drei Fragen vor, über die diskutiert werden könnte; dann wird zur Diskussion über diese Fragen aufgefordert! So könnte sich das anhören:

»*Liebe Kolleginnen und Kollegen, ihr habt gehört, was die Geschäftsleitung jetzt plant – umfassende und in alle Einzelheiten gehende Leistungskontrolle eigentlich aller, die hier sitzen, und ihr habt auch gehört, was unsere, die Position des Betriebsrats dazu ist. Wir sind jetzt natürlich an eurer Meinung dazu interessiert. Ich will zwei Fragen zur Diskussion stellen: 1. Ist es uns gelungen, einigermaßen zu erklären, was da geplant ist, oder habt ihr noch Fragen, wie das funktionieren würde, wenn die Geschäftsleitung sich mit ihrem Plan tatsächlich durchsetzt? 2. Wie schätzt ihr das ein, was die Geschäftsleitung plant? Teilt ihr die Auffassung des Betriebsrats, seht auch ihr die Probleme, die wir sehen? Oder seht ihr ganz andere Schwierigkeiten? Bringt das vielleicht auch Vorteile für euch? Ich bitte um Wortmeldungen.*«

Und dann muss sich die Vorbereitung auszahlen. Jetzt müssen die vorher abgesprochenen Redebeiträge und Fragen kommen – und hoffentlich noch ein paar dazu.

6 Die Versammlungsleitung antwortet nicht gleich auf jede Frage und Meinungsäußerung. Zunächst werden einige Redebeiträge gesammelt, ehe es Antworten gibt! Und die kommen auch nicht immer und nicht alle von der Versammlungsleitung – oft werden auch andere Betriebsratsmitglieder oder auch mal die Geschäftsleitung zu einer Antwort aufgefordert!

Dabei gehen wir natürlich von der – zugegeben optimistischen – Vorstellung aus, dass es überhaupt mehrere Wortmeldungen gibt. Wenn das so ist (sonst noch mal nachfragen!), soll man auf jeden Fall erst einmal sammeln. Das vermeidet unnötige Überschneidungen und Wiederholungen und verhindert ein schnell eintönig werdendes Frage-Antwort-Spiel.

7 Alle ausreden lassen! *Jede* Frage und *jede* Meinungsäußerung ernst nehmen! Immer erst positiv reagieren!

Die Diskussion kann natürlich alles mögliche bringen; auch Sachen, die dem Betriebsrat gar nicht schmecken: Fragen, die ihm nicht ins Konzept passen, Kritik, die man ungerecht findet, grundlose Meckereien, Beiträge, die völlig am Thema vorbeigehen usw.

Die Versuchung ist dann groß, sofort kurz und trocken ›zurückzuschlagen‹. Tut man das aber, nimmt man den Fragenden den Mut, sich noch einmal zu melden. Und auch mögliche Diskussionsbeiträge *anderer* werden abgeblockt. Deshalb immer mit der ›Ja-aber-Technik‹ reagieren:

»Ich kann gut verstehen, dass du jetzt wütend auf den Betriebsrat bist, aber wenn du mal versuchst, dich in unsere Lage zu versetzen, dann … «

Ist Kritik ganz oder teilweise berechtigt, muss das auch offen zugegeben werden, sonst entsteht bei den Beschäftigten der Eindruck, dass es ganz zwecklos ist, irgend etwas Kritisches zu sagen. Künftige Wortmeldungen würden verhindert.

8 Die Versammlungsleitung beantwortet nicht alles selber. Sie bündelt und gibt Fragen weiter!

Sind einige Redebeiträge gesammelt, muss entschieden werden, was schnell selber abhakt werden kann. Die anderen Fragen gibt man weiter. Zum Beispiel an den Kollegen, der den Schwerpunkt-Tätigkeitsbericht abgegeben hat, an einen anderen ›Experten‹ des Betriebsrats oder auch an den Gewerkschaftssekretär.

Fehler werden vor allem gemacht, wenn der Betriebsrat Fragen beantwortet, die eigentlich an den Arbeitgeber gerichtet sind.

Dazu ein Beispiel:

Es wird gefragt, warum denn eine Rationalisierungsinvestition überhaupt notwendig sei. Antwortet der Betriebsrat darauf, besteht die Gefahr, dass er jetzt an Stelle der Geschäftsleitung die wirtschaftliche ›Zwangslage‹ erläutert, über Rentabilität und ähnliches redet, obwohl er, der Betriebsrat, eigentlich eine eher skeptische oder sogar ablehnende Haltung zu dem Vorhaben einnimmt.

Das macht dann leicht den Eindruck, als seien Betriebsrat und Geschäftsleitung in dieser Frage grundsätzlich einer Meinung (was natürlich auch manchmal der Fall sein kann). Deshalb sollten solche Fragen immer an den Arbeitgeber weitergegeben werden, damit völlig klar bleibt, wer eigentlich für was verantwortlich ist.

9 Die Versammlungsleitung hilft allen, die nicht so redegewandt und redegewohnt sind! Drückt sich jemand etwas undeutlich aus, so wiederholt man noch einmal etwas klarer, was gemeint war: *»Ich hab' ja gemerkt, dass da einige unruhig geworden sind, und einer hat sogar ›Aufhören‹ gerufen. Wenn ihr stattdessen zugehört hättet, hättet ihr mitbekommen, dass da etwas ganz Wichtiges gesagt wurde, nämlich ...«*

Oder ein Kollege wird ausgelacht, weil er zu unsicher war, unfreiwillig komische Versprecher gemacht hat oder so etwas. Dann scharf 'rangehen: *»Ich will mal die, die eben gelacht haben, auffordern sich hinzustellen und selber etwas zu diesem Thema zu sagen. Es ist nämlich ziemlich schwierig, hier vorne zu stehen. Und außerdem war das sehr wichtig, was da gesagt wurde. Er hat nämlich ...«*

So etwas macht auch Schwächeren Mut!

10 Kommt keine Wortmeldung mehr, fasst die Versammlungsleitung die wichtigsten Punkte aus der Diskussion zusammen und leitet zum nächsten Tagesordnungspunkt über!

Das Protokoll

Manche Betriebsräte lassen für diesen Zweck ein Tonband mitlaufen. Dies müsste dann deutlich am Beginn der Versammlung gesagt werden, weil jeder, der auf der Versammlung redet, das Recht hat, die Abschaltung des Tonbands während seines Redebeitrags zu verlangen.

Aber außerdem:

Hört man sich so eine Aufzeichnung wirklich noch einmal vollständig an? Und wenn ja, lohnt sich dieser Zeitaufwand? Und wenn man später etwas sucht, hört man sich die Aufzeichnung dann noch einmal oder gar mehrere Male an?

Besser ist ganz bestimmt ein normales schriftliches Protokoll – dazu nur ein paar Hinweise:

► Alles, was sowieso schriftlich vorliegt (Tätigkeitsbericht, Bericht des Arbeitgebers, Referat) braucht nicht mitgeschrieben zu werden.

► Mitprotokolliert werden alle wirklich wichtigen neuen Informationen, Fragen, Meinungen:

– neue Informationen vom Arbeitgeber;

– Zusagen des Arbeitgebers;

– neue Gedanken, die in der Diskussion genannt wurden;

– Fragen aus der Belegschaft;

– alle Beschwerden und jede Kritik, die geäußert wird.

Übrigens: Wie man ein Protokoll übersichtlich und zeitsparend anfertigt, wird ausführlich in Band 1 der Kleinen Betriebsratsbibliothek »Betriebsratssitzung gut durchgeführt« dargestellt.

Und das sagt der Rechtsexperte:

Betriebsversammlung als Forum freier Kritik

1. Die Betriebsversammlung ist ein legitimes Forum für freie Meinungsäußerung über betriebliche Angelegenheiten.

2. Dabei darf ein Arbeitnehmer Kritik nicht nur an Missständen im Betrieb, sondern auch an den Personen üben, die für diese Missstände verantwortlich sind.

3. Diese Kritik darf sich auch auf den Arbeitgeber und die von ihm mit der Leitung des Betriebes oder von Teilen des Betriebes beauftragten Personen erstrecken.

4. Die Kritik muss aber so vorgebracht werden, dass Verletzungen und Störungen des Betriebsfriedens vermieden werden.

5. Eine darüber hinausgehende Kritik kann ein Kündigungsgrund sein.

BAG 22. 10. 1964 – 2 AZR 479/63

Die Betriebsversammlung ist ein Forum, in dem betriebliche Angelegenheiten frei erörtert werden können. Der Arbeitnehmer darf Kritik an allen Angelegenheiten üben, die den Betrieb berühren. Selbstverständlich erstreckt sich diese Kritikmöglichkeit auch auf die Geschäftsleitung. Die Kritik darf allerdings nicht ehrverletzend sein oder den Betriebsfrieden stören. Die Äußerung einer unrichtigen Rechtsauffassung und Hinweise auf ein Leistungsverweigerungsrecht der Arbeitnehmer rechtfertigen noch keine Abmahnung.

BAG 15. 1. 1986 – 5 AZR 460/84

Hausrecht

Das Hausrecht auf der Betriebsversammlung und den Zugangswegen zum Ort der Betriebsversammlung hat ausschließlich der Betriebsratsvorsitzende.

BAG 18. 3. 1964 – 1 ABR 12/63 und
BAG 14. 2. 1967 – 1 ABR 7/66

Protokoll der Betriebsversammlung

Wortgetreue Aufzeichungen von Reden und Gegenreden auf der Betriebsversammlung sind zulässig. Das Gebot der Nichtöffentlichkeit wird dadurch nicht verletzt.

LAG Berlin 12. 12. 1978 – 3 TaBV 5/78

Wortprotokoll des Arbeitgebers

Dem Arbeitgeber ist es weder erlaubt, in Betriebsversammlungen ein Tonband mitlaufen zu lassen, noch die Redebeiträge der Betriebsangehörigen mitzustenografieren.

LAG Hamm 9. 7. 1986 – 3 TaBV 31/86

Der Betriebsrat ist verpflichtet, die Fertigung stichwortartiger Aufzeichnungen über den Inhalt der Betriebsversammlungen durch den Arbeitgeber zu dulden. Allerdings darf in solchen stichwortartigen Aufzeichnungen der Name eines Mitarbeiters, der sich äußert, nicht vermerkt werden. Etwas anderes gilt nur, wenn der Mitarbeiter seinen Namen ausdrücklich vermerkt wissen will.

LAG Düsseldorf 4. 9. 1991 – 4 TaBV 60/91

Tonbandaufzeichnungen der Betriebsversammlung sind ohne Zustimmung und ohne entsprechenden Hinweis des Versammlungsleiters den Teilnehmern der Betriebsversammlung gegenüber in jedem Fall unzulässig.

LAG München 15 .11. 1977 – 5 TaBV 34/77

Heimliche Tonbandaufnahmen durch einen Arbeitnehmer können eine außerordentliche Kündigung rechtfertigen.

LAG Düsseldorf 28. 3. 1980 – 9 Sa 67/80

Einladungsfrist

Das BetrVG enthält über die Form der Einberufung zur Betriebsversammlung keine besonderen Regeln. Ort, Zeit und Tagesordnung sind vom Betriebsrat nach pflichtgemäßem Ermessen zu beschließen und den Arbeitnehmern und dem Arbeitgeber rechtzeitig mitzuteilen. Die Einladungsfrist bei der Anberaumung regelmäßiger Betriebsversammlungen wird drei Tage nicht unterschreiten dürfen, damit alle Teilnehmer Gelegenheit zur Kenntnisnahme, Teilnahme und zu deren sachgerechten Vorbereitung erhalten. Nach den jeweiligen betrieblichen Verhältnissen kann eine längere Einladungsfrist geboten sein.

LAG Düsseldorf 11. 4. 1989 – 12 TaBV 9/89

Festlegung des Zeitpunkts

Über die Festlegung des Zeitpunkts der regelmäßigen Betriebsversammlung entscheidet der Betriebsrat nach pflichtgemäßem Ermessen. Die Durchführung in regelmäßigen Abständen mag ratsam sein; das Gesetz enthält aber keine Festlegung, in welchen Abständen die Versammlungen durchzuführen sind.

ArbG Bielefeld 20. 4. 1990 – 2 BVGa 12/90

ArbG = Arbeitsgericht
LAG   = Landesarbeitsgericht
BAG   = Bundesarbeitsgericht

Kapitel 6

Anzahl, Form und Zeitpunkt der Betriebsversammlungen

Eine Diskussion zwischen den Mitgliedern verschiedener Betriebsräte:

»Also, ich sage, wir sollten wirklich vier Betriebsversammlungen im Jahr machen!«

»Sollten, sollten – müssen wir aber nicht, zwei reichen völlig aus!«

»Klar, das können wir doch entscheiden!«

»Wir machen Betriebsversammlungen immer dann, wenn wirklich ein Problem anliegt – mindestens aber eine kurz vor Weihnachten!«

»Völlig richtig! Der Betriebsrat entscheidet das von Fall zu Fall. Mal macht er mehr, mal weniger ...«

Solche Diskussionen hören wir immer wieder. Und sie sind ein besonders schönes Beispiel dafür, wie man eine vollkommen klare Gesetzesvorschrift missverstehen kann, wenn einem das gerade in den Kram passt! Also:

> ▶ Der Betriebsrat *muss* in jedem Kalendervierteljahr eine Betriebsversammlung machen, egal ob er das nun für notwendig hält oder nicht!

So steht das ganz eindeutig und unmissverständlich in § 43 BetrVG! Macht der Betriebsrat nur drei oder zwei oder sogar nur eine Betriebsversammlung im Jahr, handelt er *pflichtwidrig*! Und eine wiederholte Pflichtverletzung kann dazu führen, dass der Betriebsrat durch ein Arbeitsgerichtsverfahren nach § 23 Abs. 1 BetrVG *seines Amtes enthoben* wird!

Nun ist die Gefahr, dass das in der Praxis tatsächlich passiert, wohl eher gering. Denn ein solches Verfahren müsste ja von irgendjemandem in Gang gesetzt werden. Und das könnten nur sein:

▶ Ein Viertel der wahlberechtigten Arbeitnehmer – die wissen das aber oft nicht oder kommen auch gar nicht auf so eine Idee.

▶ Der Arbeitgeber – der hat wohl kaum ein Interesse daran, dass mehr Betriebsversammlungen gemacht werden.

▶ Eine im Betrieb vertretene Gewerkschaft – die wird so was auch nur im absoluten Ausnahmefall tun.

Trotzdem: Die Möglichkeit besteht, das Risiko bleibt. Und es mag ja Situationen geben, in denen irgendjemand oder sogar der Arbeitgeber dem Betriebsrat auf diese Weise etwas am Zeug flicken will ... Also:

Vier Betriebsversammlungen im Jahr müssen sein!

Das am häufigsten genannte Argument gegen vier Betriebsversammlungen lautet:

> ? *»Wir haben überhaupt nicht genügend Themen für vier Betriebsversammlungen!«*

Nun, wer die ersten fünf Kapitel durchgelesen hat, kann das so wohl nicht mehr sagen. Vielleicht werden einige Betriebsversammlungen etwas kürzer und nicht jede Betriebsversammlung hat gleich viele und wichtige Themen – aber etwas Interessantes hat ein Betriebsrat immer zu berichten, wenn er sich an unsere bisherigen Ratschläge hält.

Schwierigkeiten wird es trotzdem noch genug geben. Aber auch sie wird der Betriebsrat bewältigen können, wenn er alle Möglichkeiten des Betriebsverfassungsgesetzes kennt und ausnutzt!

Betriebsversammlung und Abteilungsversammlungen immer im Wechsel!

Auch wenn das erst einmal etwas komisch klingt: Eine Betriebsversammlung muss nicht immer eine *Betriebs*versammlung sein!

▶ Der Betriebsrat hat die Möglichkeit, zwei der vier vorgeschriebenen Betriebsversammlungen in der Form von Abteilungsversammlungen durchzuführen!

Der Betriebsrat ruft zum Beispiel im *ersten Kalendervierteljahr* die ganze Belegschaft zu einer Betriebsversammlung zusammen.

Im *zweiten Kalendervierteljahr* führt der Betriebsrat dann für alle Abteilungen des Betriebs Abteilungsversammlungen durch.

Im *dritten Vierteljahr* gibt es wieder eine Betriebsversammlung und im *November* dann noch einmal Abteilungsversammlungen. Damit hätte der Betriebsrat seine Pflicht erfüllt! Selbstverständlich kann er jede beliebige Reihenfolge wählen; es müssen aber immer *zwei* Betriebs- und *zwei* Abteilungsversammlungen sein.

Aber was heißt das nun – ›Abteilungsversammlung‹?

Der § 42 BetrVG sagt dazu nur:

Die Abteilungen, die zu den Abteilungsversammlungen zusammengerufen werden, müssen »organisatorisch oder räumlich abgegrenzt« sein. Das kann vieles heißen. Und deshalb geht der Betriebsrat in den folgenden Schritten vor:

1 Der Betriebsrat (!) legt fest, was eine Abteilung sein soll, welche Kolleginnen und Kollegen also zusammengehören sollen. Wie das genau aussehen kann, ist natürlich von Betrieb zu Betrieb sehr unterschiedlich. Ein Anhaltspunkt für die Aufteilung kann die Zuständigkeit von Abteilungsleitern sein. Der Betriebsrat muss sich daran aber nicht halten, er kann auch eine ganz andere Aufteilung vornehmen.

Beispiele:

▶ Ein Betrieb besteht aus vielen Filialen, Niederlassungen, Baustellen. Jede davon wäre dann eine ›Abteilung‹.

▶ In einem Betrieb werden unterschiedliche Produkte angefertigt (Kekse, Pralinen, Tafelschokolade); jede Produktionseinheit ist eine Abteilung.

▶ In einer Verwaltung werden abgrenzbare Arbeiten erledigt (Einkauf, Verkauf, Buchhaltung, Personalwesen); auch das wären einzelne Abteilungen.

▶ In einem Betrieb wird ein Produkt in einzelnen Produktionsstufen angefertigt (Karosseriebau, Motorenproduktion, Endmontage); jede Produktionseinheit ist eine Abteilung.

Natürlich können auch mehrere dieser Unterscheidungen gleichzeitig herangezogen werden – zum Beispiel werden in einem Betrieb unterschiedliche Produkte in einzelnen Produktionsstufen angefertigt – dann ist eine noch weitergehende Unterteilung möglich.

Diese Entscheidungsfreiheit des Betriebsrats bei der Festlegung der Abteilungsgrenzen ist vor allem deshalb wichtig, weil der Kreis derjenigen, für die je eine Abteilungsversammlung veranstaltet werden soll, nicht zu groß sein sollte.

▶ **Abteilungsversammlungen wird ein Betriebsrat erst von einer gewissen Betriebsgröße an ins Auge fassen. Aber schon bei Betrieben mit 50 oder 70 Arbeitnehmern kann es notwendig und sinnvoll sein, zwei der vorgeschriebenen Betriebsversammlungen als Abteilungsversammlungen durchzuführen!**

2 Abteilungsversammlungen sind immer nur dann Ersatz für eine Betriebsversammlung, wenn in allen Abteilungen eines Betriebes solche Versammlungen gemacht werden!

Praktisch heißt das also:

Alle Beschäftigten kommen (möglichst zugleich) in verschiedenen Räumen zu einzelnen Abteilungsversammlungen zusammen!

›Gleichzeitig‹ sollen Abteilungsversammlungen stattfinden, wenn die einzelnen Abteilungen im Produktionsablauf aufeinander angewiesen sind! Wenn also eine Abteilung bei einer Arbeitsunterbrechung gleich andere Abteilungen mit lahmlegt.

Natürlich ist es auch umgekehrt denkbar, dass es weniger Probleme für den Produktionsablauf bringt, wenn die Abteilungsversammlungen zu unterschiedlichen Zeiten stattfinden. Das muss der Betriebsrat beurteilen und entsprechend entscheiden.

Grundsatz bleibt:

▶ **Alle Abteilungen müssen gleichzeitig oder innerhalb eines kurzen, überschaubaren Zeitraums (höchstens eine Woche) zu ›ihren‹ Abteilungsversammlungen zusammenkommen!**

3 Jede Abteilungsversammlung wird von *nur einem* Betriebsratsmitglied geleitet. Anders wäre es ja auch kaum möglich, jedenfalls dann nicht, wenn in allen Abteilungen gleichzeitig Versammlungen stattfinden.

Wir gehen mal davon aus, dass jeder Betriebsrat für seine Mitglieder Zuständigkeitsbereiche festgelegt hat. Jedes Betriebsratsmitglied müsste also so oder so schon für bestimmte Abteilungen zuständig sein.

Sollte das nicht der Fall sein, wäre das ja eine gute Gelegenheit, das nachzuholen.

Wie auch immer:

▶ **Jedes Betriebsratsmitglied bekommt eine Abteilung zugeteilt, für die es die Abteilungsversammlung vorbereiten und dann auch leiten soll!**

Möglichst soll das natürlich ein Betriebsratsmitglied sein, das in der entsprechenden Abteilung selber arbeitet oder in dieser Abteilung zumindest gut bekannt ist.

Nun wird es Betriebsratsmitglieder geben, die sich das Leiten einer Versammlung nicht zutrauen und die sich aus diesem Grund gegen die Veranstaltung von Abteilungsversammlungen wehren.

Dazu ein Hinweis speziell für Betriebsrats-vorsitzende: Kommen in der Betriebsratssitzung, in der über die Einführung von Abteilungsversammlungen diskutiert wird, viele (scheinbar sachliche) Argumente gegen Abteilungsversammlungen – immer nachhaken, ob dahinter nicht in Wirklichkeit die Angst vor der Versammlungsleitung steckt!

Sollte das so sein, dann legt man die Abteilungsversammlungen so fest, dass im Ausnahmefall auch einmal zwei Betriebsratsmitglieder eine Abteilungsversammlung vorbereiten und leiten können (ein erfahrenes und ein eher ›ängstliches‹).

Oder man versucht, die Abteilungsversammlungen zeitlich doch so zu versetzen, dass jedenfalls bei einer ersten Abteilungsversammlung der oder die Vorsitzende oder auch ein anderes erfahrenes Betriebsratsmitglied helfen kann.

Denn das ist ja ein weiterer Vorteil der Abteilungsversammlungen:

Jedes Betriebsratsmitglied ist gezwungen, sich mit dem Problem der Versammlungsvorbereitung und der Leitung einer Versammlung zu beschäftigen und muss dies üben!

Sinn einer Abteilungsversammlung ist es, die Besprechung *spezieller Abteilungsprobleme* zu ermöglichen. Das heißt: Obwohl alle Abteilungsversammlungen (fast) gleichzeitig ablaufen, ist der Inhalt jeder Abteilungsversammlung ein *anderer*. Jede Versammlung für jede Abteilung muss also gesondert vorbereitet werden, bekommt eine eigene Tagesordnung und auch einen speziellen Tätigkeitsbericht. Die Vorbereitung ist dabei im Prinzip die gleiche, wie sie für die Betriebsversammlung schon beschrieben wurde.

Aber:

Bei der Vielzahl von Abteilungsversammlungen, die ja innerhalb eines kurzen Zeitraums stattfinden, ist es wohl nicht mehr möglich, die Vorbereitung im ganzen Betriebsratsgremium zu erledigen. Deshalb: arbeitsteilig vorgehen!

► Festlegen der Punkte, die auf *allen* Abteilungsversammlungen angesprochen werden sollen.

► Jeweils ein Betriebsratsmitglied bekommt eine Abteilung zugeteilt, für deren Versammlung es verantwortlich ist.

► Jedes Betriebsratsmitglied legt für ›seine‹ Abteilung fest, welche speziellen Abteilungsprobleme zur Sprache kommen müssen.

► Die Ergebnisse dieser Vorbereitung werden kurz im ganzen Betriebsrat vorgestellt und diskutiert.

Der eigentliche Ablauf der Abteilungsversammlung wird dann – wie gesagt – dem Ablauf einer Betriebsversammlung entsprechen:

► **Routine-Tätigkeitsbericht** = Punkte, die in allen Abteilungsversammlungen angesprochen werden und zusätzlich einige Informationen darüber, was das für diese Abteilung zuständige Betriebsratsmitglied speziell für die Abteilung getan hat.

► **Schwerpunkt-Tätigkeitsbericht(e)** = spezielle Abteilungsprobleme werden vorgestellt und diskutiert.

► **Verschiedenes**

Ein Einsatz eines Gewerkschaftssekretärs oder anderer Referenten wird wohl nur im Ausnahmefall möglich und sinnvoll sein. Denkbar ist es aber, Stellungnahmen der Abteilungsleitung (= Vertretung des Arbeitgebers) mit einzuplanen.

5 Der größte Vorteil der Abteilungsversammlungen liegt darin, dass es in dem kleineren Rahmen viel eher und viel leichter als auf einer Betriebsversammlung zu einer wirklichen und lebendigen Diskussion kommt.

Das liegt daran, dass die Zahl der Beteiligten überschaubar ist, so dass man weniger Hemmungen hat. Auch geht es hauptsächlich um Probleme, von denen die Beschäftigten der Abteilungen direkt betroffen sind. Die ›Oberen‹ nehmen nicht teil, und nicht zuletzt kennt man ›sein‹ Betriebsratsmitglied, das die Versammlung leitet, doch etwas genauer. All das macht die Atmosphäre erheblich lockerer, als das auf einer Betriebsversammlung jemals der Fall sein kann.

▶ **Der Betriebsrat sollte die Abteilungsversammlungen so organisieren, dass möglichst nicht mehr als höchstens (!) 30 bis 50 Leute dadurch erfasst werden.**

Nur bei Großbetrieben geht das schon rein rechnerisch nicht auf (bei etwas über 1000 Beschäftigten entfallen zum Beispiel auf jedes Betriebsratsmitglied schon etwa 70 Menschen).

Dann wird der Betriebsrat prüfen, ob es nicht doch möglich ist, durch zeitliche Versetzung der Abteilungsversammlungen dem Idealfall etwas näherzukommen (die Zuständigkeitsbereiche werden noch einmal in mehrere Abteilungen mit je einer eigenen Versammlung aufgegliedert).

Natürlich – Abteilungsversammlungen bringen meistens einen größeren Organi-

sationsaufwand für den Betriebsrat mit sich. Dieser Aufwand lohnt sich aber, weil der Betriebsrat einen sehr viel intensiveren Kontakt zur Belegschaft bekommt und weil insgesamt Versammlungen dadurch attraktiver werden. Auch erfährt der Betriebsrat sehr viel mehr Einzelheiten aus den einzelnen Abteilungen.

Betriebsversammlung oder Teilversammlungen?

In manchen Betrieben ist es gar nicht oder nur mit großem Aufwand möglich, die gesamte Belegschaft zu einer Betriebsversammlung zusammenzutrommeln. Beispiele:

▶ Vor allem (und in der Praxis am häufigsten vorkommend): Betriebe, die in zwei oder mehr Schichten arbeiten.

▶ Aber auch: Betriebe, die so groß sind, dass auf einer Betriebsversammlung eine halbwegs vernünftige Aussprache überhaupt nicht mehr möglich ist.

► Möglich auch: Eine Gruppe von Außendienstlern ist so weit weg vom Hauptbetrieb eingesetzt, dass sie an einer ›normalen‹ Betriebsversammlung nicht teilnehmen kann.

Immer wenn einer dieser Gründe oder etwas Ähnliches vorliegt, müssen statt der Betriebsversammlung Versammlungen für die einzelnen Teile der Belegschaft veranstaltet werden. Das nennt man dann Teilversammlungen.

Allerdings können Teilversammlungen nur dann statt einer Betriebsversammlung gemacht werden, wenn es wirklich nicht mehr möglich oder zumutbar ist, eine Betriebsversammlung für alle durchzuführen.

Im Grunde kann also der Betriebsrat *nicht* frei entscheiden, ob er nun Betriebsversammlungen oder Teilversammlungen machen will – er kann es auch nicht einmal so und dann wieder anders machen.

▶ **Entweder die besondere Struktur des Betriebs macht sinnvolle Betriebsversammlungen unmöglich – dann müssen stattdessen Teilversammlungen organisiert werden. Oder es geht doch, dann müssen eben Betriebsversammlungen gemacht werden!**

Der Betriebsrat muss (schriftlich und möglichst in der Geschäftsordnung verankert) beschließen, ob er das nun grundsätzlich so oder so machen will!

▶ **Das bisher Gesagte bedeutet, dass in Mehr-Schicht-Betrieben eigentlich grundsätzlich Teilversammlungen statt Betriebsversammlungen durchgeführt werden müssen!**

Es ist nämlich zum Beispiel den Leuten der Nachtschicht nicht zuzumuten, in ihrer Freizeit zu einer tagsüber stattfindenden Betriebsversammlung zu kommen (in der Praxis tun sie das ja auch fast nie; das heißt, sie werden praktisch von der Betriebsversammlung ausgeschlossen!).

? *»Also wir machen das so: Wir machen die Betriebsversammlung kurz vor Ende der Frühschicht. Die von der Spätschicht müssen dann eben etwas früher kommen und die von der Frühschicht etwas länger bleiben. Und die von der Nachtschicht? Die müssen eben extra kommen, sie kriegen's ja bezahlt!«*

Ja, ja. So wird es oft oder sogar fast immer gemacht. Aber selbst wenn wir mal die (für Nachtschichtler unzumutbare) Mehrbelastung außer Acht lassen oder wenn wir nur von einem 2-Schicht-Betrieb ausgehen, bringt dieses Verfahren doch Probleme mit sich, die den Ablauf der Betriebsversammlung stark beeinträchtigen:

1 Die Spätschicht wird eben meist *nicht* früher kommen! Sie kommt gar nicht oder verspätet. Dann bekommt sie einen großen Teil der Versammlung nicht mit und stört durch ihr Zuspätkommen den Ablauf.

2 Bei der Frühschicht ist es genau umgekehrt. Die meisten dürften zum eigentlichen Feierabendtermin doch abhauen – wieder Unruhe und Rein- und Rausgerenne.

Mindestens aber behindert das Gefühl, ›Jetzt ist eigentlich schon Feierabend‹, die Diskussionsbereitschaft am Ende der Versammlung, weil keiner mehr reden will oder weil man Angst hat, dass andere Kollegen sauer werden (»Mensch, halt die Klappe, ich will nach Hause!«).

3 Weitere kleinere Probleme sind: Fahrgemeinschaften platzen, die öffentlichen Verkehrsmittel können nicht mehr erreicht werden usw.

Alles das macht klar, dass im Schichtbetrieb auf jeden Fall für jede Schicht (auch für die Nachtschicht!) eine eigene Teilversammlung angesetzt werden *muss*!

Weil die Teilversammlung in der Praxis immer wieder mit der Abteilungsversammlung verwechselt wird, sollen hier die Besonderheiten der Teilversammlung noch einmal deutlich genannt werden:

Jede Teilversammlung wird vom gesamten Betriebsrat vorbereitet und (grundsätzlich) vom Betriebsratsvorsitzenden geleitet! Die Teilversammlungen *müssen* also zu unterschiedlichen Zeiten stattfinden (bei Schichtbetrieb ja sowieso)! Im Grunde sind Teilversammlungen mehrere Betriebsversammlungen!

Die Inhalte der verschiedenen Teilversammlungen sind *identisch*! Es werden die gleichen Tätigkeitsberichte vorgetragen, die gleichen Berichte der Geschäftsleitung und auch die gleichen Referate von den gleichen Leuten! Tagesordnung und Ablauf aller Teilversammlungen sind also gleich!

Und damit es jetzt richtig kompliziert wird:

Sollen in einem Betrieb, der Teilversammlungen durchführen muss, auch Abteilungsversammlungen durchgeführt werden, müssen auch diese als Teilversammlungen organisiert und angesetzt werden! Zum Beispiel macht dann jede Abteilung in jeder Schicht ihre ›Teil-Abteilungsversammlung‹!

Weitere und außerordentliche Betriebsversammlungen

Auch wenn viele Betriebsräte nicht einmal die vorgeschriebenen vier Betriebsversammlungen pro Jahr machen (in jedem

Kalendervierteljahr eine!), ist es möglich, über diese Anzahl noch hinaus zu gehen.

Um genau zu verstehen, wie das funktionieren würde, müssen wir uns noch einmal klarmachen:

Der Betriebsrat hat das Recht und die Pflicht (!), in jedem Kalendervierteljahr eine Betriebsversammlung (oder Abteilungsversammlungen für alle) zu machen.

Es ist nicht zulässig, eine Betriebsversammlung (oder die Abteilungsversammlungen) aus dem einen Kalendervierteljahr in ein anderes zu verschieben!

Aber:

Einmal in jedem Kalender*halb*jahr kann der Betriebsrat noch zusätzlich zu den beiden zwingend vorgeschriebenen Versammlungen eine *weitere* Betriebsversammlung ansetzen – wenn es dafür einen besonderen Grund gibt!

Ein Beispiel dafür:

Ein Betriebsrat hat im Januar eine Betriebsversammlung abgehalten. Im Februar taucht plötzlich ein wichtiges Problem auf. Er beruft also eine ›weitere‹ Betriebsversammlung ein.

Trotzdem kann und muss der Betriebsrat dann im zweiten Vierteljahr seine ›normale‹ ordentliche Betriebsversammlung (bzw. die entsprechenden Abteilungsversammlungen) ansetzen und durchführen.

Der Betriebsrat kann also in jedem Kalenderhalbjahr maximal *drei* Versammlungen machen!

Die eine ›weitere‹ Betriebsversammlung in jedem Kalenderhalbjahr *kann* auch in Form von Abteilungsversammlungen abgehalten werden.

▶ Der Betriebsrat kann eine solche weitere Abteilungsversammlung auch für nur eine Abteilung einberufen, wenn er dies für notwendig hält.

All das entscheidet der Betriebsrat alleinverantwortlich – irgendeine Art von ›Genehmigung‹ ist nicht nötig. Allerdings muss der Betriebsrat für die Einberufung jeder weiteren Betriebs- oder Abteilungsversammlung *einen Grund* haben.

Es muss also ein Problem *neu* aufgetaucht sein, das ohne großen Zeitverzug auf einer Betriebsversammlung (oder einer Abteilungsversammlung) erläutert und diskutiert werden muss.

Beispiele:

▶ Ein wichtiges Problem konnte auf der einen Betriebsversammlung nicht abgeschlossen werden. Über neue Entwicklungen und Fortschritte in dieser Angelegenheit muss noch einmal auf einer weiteren Versammlung informiert werden.

▶ Nach einer ordentlichen Betriebsversammlung taucht im gleichen Kalendervierteljahr neu ein brisantes Problem auf, zu dem eine Versammlung zweckmäßig ist (größere Rationalisierungsvorhaben, neue Pläne der Geschäftsleitung, bevorstehende Kurzarbeit).

▶ Der Betriebsrat verhandelt über eine wichtige Betriebsvereinbarung und will dazu die Belegschaft informieren und ihre Meinung hören.

Es müssen also nicht immer weltbewegende Probleme sein, die die Einberufung einer weiteren Versammlung rechtfertigen. Der Betriebsrat hat hier einen weit gefassten Entscheidungsspielraum!

Hat es allerdings in einem Kalenderhalbjahr bereits drei Betriebsversammlungen gegeben (eine oder zwei davon eventuell in Form von Abteilungsversammlungen), dann ist das Ende der Fahnenstange erreicht.

Oder nein: Ganz am Ende der Fahnenstange sind wir nicht. Hält der Betriebsrat es für unbedingt nötig, zusätzlich zu diesen Versammlungen noch eine (oder mehrere) durchzuführen, kann er auch dies tun! Aber dann nur noch als *außerordentliche* Betriebsversammlungen.

Auch eine außerordentliche Betriebsversammlung findet während der Arbeitszeit statt und der Arbeitgeber hat Räume zur Verfügung zu stellen. Es besteht aber kein Anspruch auf Lohn- bzw. Gehaltszahlung für diese Zeit!

Das Gleiche gilt, wenn der Betriebsrat für eine Abteilung eine außerordentliche Abteilungsversammlung einberufen will.

Hier allerdings kann sich der Betriebsrat helfen, indem er die ganze Abteilung in seine Sprechstunde holt. Die Arbeitnehmer haben nämlich das Recht, auch *in Gruppen* zur Sprechstunde zu gehen, und dann haben sie für diese Zeit selbstverständlich Anspruch auf Fortzahlung des Lohnes bzw. Gehalts!

Reicht der normale Sprechstundenraum für eine solche Aktion nicht aus, sucht man sich eben einen anderen Platz!

 Hat der Betriebsrat in einem Kalenderhalbjahr schon zwei Betriebsversammlungen und eine ›weitere‹ Versammlung durchgeführt und hält er es für notwendig, noch eine *außerordentliche* Versammlung zu veranstalten, kann er mit dem Arbeitgeber verhandeln, ob dieser nicht doch die Fortzahlung des Lohnes bzw. Gehaltes übernimmt. Zwingen kann er ihn dazu allerdings nicht!

Fassen wir zusammen:

▶ Eine ›weitere‹ Betriebsversammlung kann einmal im Kalenderhalbjahr durchgeführt werden, zusätzlich zu den vorgeschriebenen ordentlichen Versammlungen. Diese ›weitere‹ Versammlung wird genauso behandelt wie jede normale Betriebsversammlung.

▶ Wird eine vierte, fünfte usw. Betriebsversammlung in diesem Kalenderhalbjahr notwendig, geht das nur noch in Form außerordentlicher Versammlungen (also ohne Anspruch auf Zahlung des Arbeitsentgelts).

So – das klingt nun ziemlich kompliziert, ist in der Praxis aber nur ganz, ganz selten ein wirkliches Problem. Aber: Der Betriebsrat muss ja alle seine Möglichkeiten kennen.

Jetzt erst noch einmal der Ablauf des Beschlussverfahrens in der Zusammenfassung und dann einige Beispiele, wie der Betriebsrat die unterschiedlichen Formen der Betriebsversammlungen einsetzen und kombinieren kann. Was tatsächlich möglich und nötig ist, hängt aber natürlich von der Struktur des einzelnen Betriebs ab.

Beschluss zur Betriebsversammlung

Der Betriebsrat beschließt einmal und grundsätzlich, zu welchem Zeitpunkt generell Betriebs- bzw. Abteilungsversammlungen stattfinden sollen. Der Beschluss muss schriftlich im Protokoll festgehalten werden.

Rechtzeitig vor der nächsten Versammlung (einige Wochen vorher) teilt der Betriebsrat dem Arbeitgeber seinen Beschluss mit.

Sagt der Arbeitgeber daraufhin, dass er mit diesem Zeitpunkt nicht einverstanden ist und dass er bei der veränderten zeitlichen Lage das Entgelt für die Zeit der Versammlung nicht weiterzahlen werde, leitet der Betriebsrat vorbeugend (!) mit Hilfe seiner Gewerkschaft ein Beschlussverfahren beim zuständigen Arbeitsgericht ein. Das Arbeitsgericht entscheidet dann (wenn nötig, mit einer einstweiligen Verfügung), ob der Betriebsrat berechtigt ist, seine Versammlung zu dem von ihm vorgesehenen Zeitpunkt einzuberufen.

Kleinbetrieb	Größerer Betrieb
1. Kalendervierteljahr	**1. Kalendervierteljahr**
Anfang Januar: **ordentliche Betriebsversammlung**	*Mitte Januar:* **ordentliche Betriebsversammlung** *Im April gibt es aktuelle Probleme* *in einer Abteilung:* **›weitere‹ Abteilungsversammlung**
2. Kalendervierteljahr	**2. Kalendervierteljahr**
Mitte April: **ordentliche Betriebsversammlung** *Im Mai taucht ein wichtiges* *Abteilungsproblem auf:* **›weitere‹ Abteilungsversammlung**	*Mitte April:* **ordentliche Abteilungsversamm- lungen**
3. Kalendervierteljahr	**3. Kalendervierteljahr**
Ende Juli: **ordentliche Betriebsversammlung**	*Anfang August:* **ordentliche Betriebsversammlung** *Im September werden umfangreiche* *Rationalisierungspläne bekannt* *gegeben:* **›weitere‹ Betriebsversammlung**
4. Kalendervierteljahr	**4. Kalendervierteljahr**
Anfang Oktober: **ordentliche Betriebsversammlung** *Im November muss über ein Verhand-* *lungsergebnis informiert werden:* **›weitere‹ Betriebsversammlung**	*Mitte Oktober:* **ordentliche Abteilungsversamm- lungen** *Anfang Dezember spitzt sich die* *Entwicklung zu:* **›außerordentliche‹ Betriebsver- sammlung**

Großer Schichtbetrieb

1. Kalendervierteljahr

Mitte Januar:
**ordentliche Teilversammlungen
für jede Schicht**

2. Kalendervierteljahr

Mitte April:
**ordentliche Abteilungsversamm-
lungen für jede Schicht**
*Im Mai soll Belegschaft zu einem Ver-
handlungsergebnis befragt werden:*
**›weitere‹ Teilversammlungen für jede
Schicht**

3. Kalendervierteljahr

Ende Juli:
**ordentliche Teilversammlungen
für jede Schicht**
*Ein Problem für die Tagschicht einer
großen Abteilung taucht auf:*
**›weitere‹ Abteilungsversammlung
nur für die Tagschicht der Abteilung**

4. Kalendervierteljahr

Anfang Oktober:
**ordentliche Abteilungsversamm-
lungen für jede Schicht**

Der optimale Zeitpunkt

Ohne Umschweife:

> **Der optimale Zeitpunkt für jede
> Versammlung liegt möglichst am
> Anfang der Arbeitszeit!**

Und das sind die Gründe:

▶ Die Beschäftigten (und auch die Betriebsratsmitglieder) sind noch frisch
und munter. Sie können konzentrierter
zuhören und schalten nicht so schnell
ab, wie das zum Beispiel in der zweiten
Hälfte der Arbeitszeit wäre, wenn alle
bereits einen anstrengenden Arbeitstag
hinter sich haben.

▶ Das Ende der Betriebsversammlung
ist nicht durch den Feierabend vorprogrammiert. Die Betriebsversammlung
kann auch einmal länger als üblich
ausgedehnt werden. Die Arbeitnehmer
haben kein so großes Interesse an einem
pünktlichen Ende der Betriebsversammlung. Sie werden also auch am Ende der
Versammlung eher bereit sein, sich noch
mal zu Wort zu melden.

> *»Das geht doch nicht. Der Arbeitgeber
> wird uns schön was husten. Der be-
> steht darauf, dass wir die Betriebsversamm-
> lung ans Ende der Arbeitszeit legen!«*

Das kann er auch. Bloß, es nützt ihm nichts!
Denn:

> **Der Betriebsrat und nur der Be-
> triebsrat entscheidet, wann er seine
> Betriebsversammlungen ansetzt!**

> *»Von wegen! Wir müssen den Zeit-
> punkt doch mit dem Arbeitgeber
> abstimmen. Und der sagt, dass eine Betriebs-
> versammlung am Anfang der Arbeitszeit den
> Produktionsablauf zu sehr stört. ›Betriebliche
> Notwendigkeiten berücksichtigen‹, sagt er
> dann immer!«*

Sagt er! Aber ganz so einfach ist das nicht. Sicher – der Betriebsrat muss bei der Festlegung des Zeitpunkts tatsächlich die ›betrieblichen Notwendigkeiten‹ berücksichtigen. Aber was heißt das?

Sagen wir erst einmal, was das *nicht* heißt. Es heißt nicht, dass der Arbeitgeber den Betriebsrat zwingen kann, die Betriebsversammlungen auf einen Zeitpunkt zu legen, der dem Arbeitgeber am besten in den Kram passt. Wenn das nämlich so gemeint wäre, hätte man ja gleich ins Gesetz 'reinschreiben können: Der Arbeitgeber legt den Zeitpunkt der Betriebsversammlung fest. Es steht aber genau umgekehrt drin!

Betriebliche Notwendigkeiten zu berücksichtigen, heißt also nur: Der Betriebsrat soll durch die Festlegung des Termins und des Zeitpunktes der Betriebsversammlung den Betriebsablauf nicht mehr als unbedingt nötig beeinträchtigen.

▶ **Für den erfolgreichen Ablauf einer Betriebsversammlung ist es aber unbedingt nötig, dass die Leute nicht schon geschlaucht zur Versammlung kommen und dass die Betriebsversammlung so lange laufen kann, bis alle Themen vernünftig besprochen worden sind!**

Und:

▶ **Es ist unbedingt nötig, dass sich die vier Betriebs- bzw. Abteilungsversammlungen möglichst gleichmäßig über das Jahr verteilen. Sie sollten also in jedem Kalendervierteljahr etwa an der gleichen Stelle stattfinden, zum Beispiel in den ersten zwei bis drei Wochen jedes Kalendervierteljahres!**

Allerdings: Eine gewisse Rücksichtnahme auf den Produktionsablauf kann vom Betriebsrat erwartet werden. Rücksichtnahme aber nur bis zu dem Punkt, von dem an ein vernünftiger und sinnvoller Ablauf der Betriebsversammlung gefährdet wäre!

Dazu zwei Beispiele:

▶ Der Arbeitgeber könnte durchaus vom Betriebsrat erwarten, dass er eine Betriebsversammlung nicht ausgerechnet auf den Vormittag eines Wochentags legt, an dem immer besonders viel los ist (Stoßgeschäft). Er könnte aber *nicht* verlangen, dass der Betriebsrat ganz auf die Möglichkeit verzichtet, eine Betriebsversammlung am Anfang der Arbeitszeit beginnen zu lassen, nur weil das für den Betrieb etwas mehr Mühe und Kosten verursacht! Die Betriebsversammlung müsste also am Vormittag des Wochentags stattfinden, an dem dies die verhältnismäßig geringsten Belastungen für den Betrieb mit sich bringt.

▶ Der Arbeitgeber könnte zum Beispiel bei Saisonbetrieben vom Betriebsrat erwarten, dass er die Betriebsversammlungen nicht zu einem der Höhepunkte des Saisongeschäfts veranstaltet. Er könnte aber *nicht* verlangen, dass der Betriebsrat während der ganzen Saison auf eine Betriebsversammlung verzichtet. Auch hier müsste also der für den Betrieb verhältnismäßig günstigste Zeitpunkt gewählt werden, der aber trotzdem alle Voraussetzungen für eine erfolgreiche Betriebsversammlung bietet.

Klar ist also:

▶ **An *erster Stelle* steht der Erfolg der Betriebsversammlung, erst an zweiter Stelle folgt das Interesse des Arbeitgebers, dass der Betriebsrat die Betriebsversammlungen so kostengünstig wie möglich durchführt!**

**▶ Die Dauer der Betriebsversamm-
lung hängt ausschließlich davon ab,
wie viel Zeit Betriebsrat und Belegschaft
brauchen, um alle anstehenden Probleme
sorgfältig miteinander beraten zu können!**

Der Betriebsrat kann und *darf* also keine
von vornherein begrenzte Gesamtdauer der
Versammlung mit dem Arbeitgeber vereinbaren!

Genügt ein Tag für die Behandlung der
Versammlungsthemen nicht, kann die
Versammlung auch unterbrochen und am
nächsten Arbeitstag fortgeführt werden!

Betriebsversammlung
außerhalb der Arbeitszeit

**▶ Grundsätzlich muss jede Betriebs-
und Abteilungsversammlung während der Arbeitszeit stattfinden!**

Hiervon kann nur dann abgewichen werden, wenn Besonderheiten im Produktions-
oder Arbeitsablauf die Durchführung der
Betriebsversammlung während der Arbeitszeit praktisch unmöglich machen!

Bei der Prüfung, ob das der Fall ist, muss
man sehr streng vorgehen. Dass Ladenöffnungszeiten oder Zeiten für Publikums-
verkehr nicht eingehalten werden können
oder verschoben werden müssen, dass
Auslieferungen sich verzögern, dass die
Produktion stillsteht und dies Verluste und
Schwierigkeiten für den Betrieb bedeutet
– all das sind *keine* zwingenden Gründe,
die Betriebsversammlung außerhalb der
Arbeitszeit durchzuführen.

Es ist völlig logisch, selbstverständlich und
unvermeidbar, dass eine Betriebsversammlung während der Arbeitszeit Probleme und
Kosten verursacht. Dies muss der Arbeitgeber hinnehmen und akzeptieren.

Ausnahmen sind also nur möglich, ...

▶ wenn es *technisch völlig unmöglich* ist,
die Betriebsversammlung während der
Arbeitszeit durchzuführen. Das wäre
etwa dann der Fall, wenn Produktions-
anlagen nicht abgeschaltet werden
können, ohne dass sie dabei kaputt
gehen, wenn die Anlagen also technisch
bedingt rund um die Uhr, samstags,
sonntags, montags, ständig laufen müssen! Oder ...

▶ wenn der durch die Betriebsversammlung entstehende Produktionsausfall in
keinem vernünftigen Verhältnis mehr
zur Dauer der Betriebsversammlung
steht. Das könnte dann der Fall sein,
wenn das Abschalten der Produktions-
anlagen während einer Betriebsversammlung dazu führt, dass mehrere
Stunden oder sogar Tage vergehen
müssten, um die Anlage nach der Betriebsversammlung wieder in Gang zu
bringen.

Nur solche extremen Ausnahmefälle
können dazu führen, dass die Betriebsversammlung außerhalb der Arbeitszeit angesetzt wird.

Der Betriebsrat prüft auf jeden Fall:

▶ Lässt sich der entstehende Produktionsausfall auf das unumgängliche Maß
zurückdrängen, wenn statt einer
Betriebsversammlung mehrere Teilversammlungen angesetzt werden?

▶ Lässt sich durch eine Veränderung
oder Verschiebung der Arbeits- und
Schichtzeiten nicht doch erreichen, dass
die Betriebs- oder Teilversammlungen
während der Arbeitszeit durchgeführt
werden können?

Wenn aber eine Betriebsversammlung wirklich unumgänglich außerhalb der Arbeitszeit stattfinden muss, bedeutet das für die Arbeitnehmer, dass sie entweder vor oder nach ihrer Arbeitszeit im Betrieb anwesend sein müssen oder dass sie sogar extra für die Teilnahme an der Betriebsversammlung in den Betrieb kommen müssen.

Für die Fortzahlung des Entgelts in dieser Zeit gilt deshalb:

▶ **Die Zeit, die die Beschäftigten auf der Betriebsversammlung verbringen, muss wie Arbeitszeit bezahlt werden!**

Weil die außerhalb der Arbeitszeit stattfindende Betriebsversammlung eine Mehrbelastung der Belegschaft bedeutet, meinen wir übrigens, dass diese Zeit auch wie *Mehrarbeit* zu bezahlen ist (also mit Überstundenzuschlägen). In der Rechtsprechung ist dies allerdings umstritten.

In jedem Fall aber gilt:

▶ **Müssen die Beschäftigten für die Teilnahme an einer außerhalb der Arbeitszeit stattfindenden Betriebsversammlung extra in den Betrieb kommen, so erhalten sie zusätzlich auch die An- und Abfahrtzeiten bezahlt, und sie müssen natürlich auch ihre Fahrtkosten vom Betrieb erstattet bekommen!**

In der Praxis gibt es zwischen Betriebsrat und Arbeitgeber am häufigsten einmal Streit wegen der zeitlichen Lage der Betriebsversammlung.

Deshalb noch einmal:

▶ **Der Betriebsrat und nur der Betriebsrat beschließt, wann er seine Betriebs- bzw. Abteilungsversammlungen durchführt! Er braucht dazu keine ›Genehmigung‹ des Arbeitgebers!**

Um dabei *unnötige* Konflikte zu vermeiden (die nötigen muss der Betriebsrat natürlich durchfechten!), empfehlen wir zunächst den Musterbrief auf der Seite 78 …

Beschluss zur Betriebsversammlung

An die Geschäftsleitung
im Hause

Betr.: Beschluss des Betriebsrats zum Zeitpunkt der nächsten Betriebsversammlung

Der Betriebsrat hat in seiner Sitzung vom ... beschlossen, die nächste und auch alle folgenden Betriebsversammlungen grundsätzlich an einem ...*(zum Beispiel Dienstag)*... um ...*(zum Beispiel 9.00 Uhr)*... beginnen zu lassen. Der Betriebsrat setzt daher die nächste Betriebsversammlung für den ...*(Datum)*... an.

Zur Begründung: In der Vergangenheit begannen unsere Betriebsversammlungen immer erst um 14.00 Uhr. Dieser späte Zeitpunkt hat den Ablauf der Betriebsversammlungen empfindlich beeinträchtigt. Die Teilnehmer an der Versammlung hatten zu dieser Zeit bereits eine sechseinhalbstündige Arbeitszeit hinter sich und waren deshalb nicht mehr in der Lage, dem Ablauf der Betriebsversammlung mit der unbedingt notwendigen Konzentration zu folgen. Außerdem bedeutete diese Zeitfestsetzung, dass die Dauer der Betriebsversammlung auf eineinhalb Stunden ›vorprogrammiert‹ war. Dieser Zeitraum genügte aber häufig nicht, um eine ordnungsgemäße Information und eine sachgerechte Aussprache sicherzustellen. Die konkrete Folge in der Vergangenheit war, dass besonders in der zweiten Hälfte alle an der Versammlung Beteiligten unter einem erheblichen Zeitdruck standen. Dies haben ja auch Sie bei der Abgabe Ihres Berichts häufiger spüren müssen. In einigen Fällen wurde es auch notwendig, die Dauer der Betriebsversammlung über das Ende der Arbeitszeit hinaus auszudehnen. Dies führte nicht nur zu einer Kostenbelastung für das Unternehmen, sondern brachte auch private und verkehrsmäßige Probleme für die Teilnehmer an der Versammlung mit sich. Einige Arbeitnehmer verließen zum Beispiel die Versammlung vorzeitig und störten damit den ordnungsgemäßen Ablauf.

Wir sind sicher, dass auch Sie ein Interesse daran haben, dass die Arbeitnehmer unseres Betriebes auf der Betriebsversammlung in der notwendigen Ausführlichkeit informiert werden können und auch Gelegenheit haben sollen, alle anfallenden Probleme im Interesse einer sachgerechten Problemlösung anzusprechen und darüber zu diskutieren. Dies aber ist nach unserer Auffassung nur durch eine andere zeitliche Lage der Betriebsversammlung zu erreichen.

Sollten Sie Bedenken gegen den von uns beschlossenen Zeitpunkt haben, stehen wir Ihnen jederzeit zu einem Gespräch zur Verfügung.

Mit freundlichem Gruß
Der Betriebsrat

Jetzt fehlt nur noch eins ...

Die Betriebsversammlung ist beendet. Die Arbeit für den Betriebsrat aber noch nicht.

▶ **Die Betriebsversammlung muss noch sorgfältig und in allen Einzelheiten besprochen und ausgewertet werden!**

Zwei Schritte sind dafür notwendig:

▶ Eine Betriebsratssitzung, die sich nur mit einem Thema beschäftigt – mit der Auswertung der Betriebsversammlung!

▶ Dort, wo es Vertrauensleutegruppen gibt – eine Vertrauensleutesitzung, auf der der Betriebsrat mit den Vertrauensleuten gemeinsam die vorangegangene Versammlung auswertet.

Und folgende Punkte müssen besprochen werden:

▶ Haben sich Veränderungen im Ablauf der Versammlung bewährt?

▶ Sind erste Reaktionen aus dem Kreis der Belegschaft bekannt? Welche?

▶ Waren Aufbau und Themen der Tätigkeitsberichte gut, und wie sind die Berichte angekommen?

▶ Hat alles genauso geklappt, wie es geplant war?

▶ Hat es im Bericht und den Stellungnahmen der Geschäftsleitung neue Informationen gegeben? Was sind die Konsequenzen?

▶ Welche Anfragen und Beschwerden aus der Belegschaft sind gekommen? Wie und von wem werden sie bearbeitet?

▶ Was sollte auf der nächsten Betriebsversammlung anders und besser gemacht werden?

Und das sagt der Rechtsexperte:

Vier Versammlungen sind gesetzliche Pflicht

Ein Unterlassen der Einberufung der Pflichtversammlung nach § 42 Abs. 1 BetrVG (1952) oder der Abgabe des Tätigkeitsberichts ist eine grobe Verletzung der gesetzlichen Pflichten des Betriebsrates im Sinne des § 23 BetrVG.

LAG Hamm 25.9.1959 5 – TaBV 48/59
LAG Rheinland-Pfalz 5. 4. 1960 – 1 SaBV 1/60

Weigert sich ein Betriebsrat, in jedem Kalendervierteljahr eine Betriebsversammlung gemäß § 43 Abs. 1 Satz 1 BetrVG abzuhalten, ist ein Auflösungsantrag gemäß § 23 Abs. 1 BetrVG zulässig.

Hess. LAG 12.8.1993 – 12 TaBV 203/92

Wenn in 21 Monaten der Amtszeit eines Betriebsrates statt sieben nur zwei Betriebsversammlungen durchgeführt wurden, so liegt darin ein Verstoß gegen die Pflichten des Betriebsrats im Sinne des § 23 BetrVG.

ArbG Bamberg 19.10.1976

Führt der Betriebsrat über einen längeren Zeitraum keine Betriebsversammlungen durch, so ist dies als grobe Verletzung gesetzlicher Pflichten grundsätzlich geeignet, einen Antrag auf Auflösung des Betriebsrats nach § 23 Abs. 1 S. 1 BetrVG zu begründen

ArbG Hamburg, 27.6.2012 – 27 BV 8/12

Nach § 43 BetrVG hat der Betriebsrat einmal in jedem Kalendervierteljahr eine Betriebsversammlung einzuberufen und in ihr einen Tätigkeitsbericht zu erstatten. Bei organisatorisch oder räumlich abgegrenzten Betriebsteilen hat

der Betriebsrat in jedem Kalenderjahr zwei dieser Betriebsversammlungen als Abteilungsversammlungen durchzuführen. Auf Antrag einer im Betrieb vertretenen Gewerkschaft muss der Betriebsrat vor Ablauf von zwei Wochen eine Betriebsversammlung einberufen, wenn im vorhergegangenen Kalenderhalbjahr keine Betriebsversammlung und keine Abteilungsversammlungen durchgeführt worden sind. Die Missachtung dieser Vorschriften kann eine grobe Verletzung der gesetzlichen Pflichten des Betriebsrats nach § 23 BetrVG darstellen mit der Folge seiner Auflösung

ArbG Stuttgart 24.7.2013. 22 BV 13/13

Weitere Betriebsversammlungen

Es ist zulässig, eine weitere Betriebsversammlung nach § 43 Abs. 1 Satz 4 BetrVG einzuberufen, um auf ihr die Kandidaten für die Betriebsratswahlen vorzustellen. Der Betriebsrat verletzt dabei nicht das vom Gesetz ihm eingeräumte Ermessen.

LAG Berlin 12.12.1978 – 3 TaBV 5/78

Außerordentliche Betriebsversammlungen

Bei den zusätzlichen (außerordentlichen) Betriebs- oder Abteilungsversammlungen (§ 44 Abs. 2 BetrVG) darf das Arbeitsentgelt der an diesen Versammlungen teilnehmenden Arbeitnehmer nicht gemindert werden, wenn der Arbeitgeber sein Einverständnis damit erklärt hat, dass diese Versammlungen während der Arbeitszeit stattfinden.

DKKW § 44 Rand-Nr. 26
Fitting § 44 Rand-Nr. 46

Entgeltfortzahlung, Vergütungsansprüche der Arbeitehmer/innen

1. Derjenige Arbeitnehmer, der normalerweise während der Zeit der Betriebsversammlung Mehrarbeit geleistet hätte, hat für die Zeit der Teilnahme Anspruch auf Mehrarbeitsvergütung.

DKKW § 44 Rand-Nr. 20
Fitting § 44 Rand-Nr. 33

2. Geht die Zeit der Betriebsversammlung über die normale Arbeitszeit hinaus, ist diese Zeit wie Überstunden zu vergüten.

DKKW § 44 Rand-Nr. 20 (diese Auffassung ist rechtlich umstritten!)

Die Zeit der Teilnahme an einer Betriebsversammlung ist nach § 44 Abs. 1 Satz 2 BetrVG den Arbeitnehmern »wie Arbeitszeit« zu vergüten. Das heißt, dass auch Lohnnebenkosten (Auslösungen, Schmutzzulage u.ä.), anders als im Krankheitsfall, zu zahlen sind.

LAG Düsseldorf 16.1.1978 – 20 Sa 1562/77

Urlaubern muss der Arbeitgeber die Zeit der Versammlungsteilnahme, die Wegezeit von der Wohnung zum Betrieb und zurück und die Fahrtkosten für den Weg von der Wohnung zum Betrieb und zurück vergüten. Das Urlaubsentgelt darf nicht angerechnet werden.

LAG Hamm 2.5.1974 – 4 Sa 954/73

Nimmt ein im Akkord stehender Arbeitnehmer an einer Betriebs- oder Abteilungsversammlung teil, erhält er den Durchschnitt des zuletzt erzielten Akkordlohnes.

BAG 23.9.1960 – 1 AZR 508/59

Nach § 44 Abs. 1 BetrVG ist die Zeit der Teilnahme an einer Betriebsversammlung (einschließlich Wegezeiten) wie Arbeitszeit zu vergüten. Zu zahlen ist der Betrag, der dem Arbeitnehmer zustehen würde, hätte er während der Zeit der Betriebsversammlung gearbeitet. Das ist bei Akkordlohn der durchschnittliche Akkordverdienst.

LAG Düsseldorf – 12.12.1972 – 10 Sa 810/72

›Eigenart des Betriebs‹/Betriebsversammlungen außerhalb der Arbeitszeit

Der Begriff des zwingenden Erfordernisses einer anderen Regelung im Sinne des § 43 BetrVG 1952 bezieht sich auf die technische Weite des Betriebes. Eine technische Unmöglichkeit, die Betriebsversammlung während der Arbeitszeit abzuhalten, besteht dann, wenn diese während der Arbeitszeit abgehaltene Betriebsversammlung zur Stilllegung eines Betriebes für einen ganzen Tag führt.

BAG 26.10.1956 – 1 ABR 26/54

Wirtschaftliche Zumutbarkeitserwägungen reichen grundsätzlich nicht aus, damit eine Betriebsversammlung wegen zwingender Erfordernisse außerhalb der Arbeitszeit stattfindet. Der Unternehmer kann sich deshalb nicht darauf berufen, dass Produktionsausfälle oder das Nichterbringen von Dienstleistungen zu wirtschaftlichen Einbußen führen. In Lebensmittel-

Filialunternehmen erfordert die Eigenart des Betriebes deshalb nicht ohne weiteres, dass die Betriebsversammlung außerhalb der Ladenöffnungszeiten stattfindet.

BAG 9.3.1976 – 1 AZR 74/74

Für die Teilnahme an einer vom Betriebsrat zu Unrecht außerhalb der Arbeitszeit einberufenen regelmäßigen Betriebsversammlung steht dem Arbeitnehmer nach § 44 Abs. 1 Satz 3 BetrVG ein Vergütungs- und ein Aufwendungsersatzanspruch jedenfalls dann nicht zu, wenn der Arbeitgeber vorher der Belegschaft gegenüber der Einberufung der Betriebsversammlung außerhalb der Arbeitszeit widersprochen hat.

BAG 27.11.1987 – 7 AZR 29/87

Dauer von Betriebsversammlungen

Kann in einer regelmäßigen Betriebsversammlung die vorgesehene Tagesordnung nicht bis zum Ende der Arbeitszeit abschließend behandelt werden, so kann der Betriebsrat grundsätzlich die Fortsetzung für den nächsten Tag innerhalb der Arbeitszeit bestimmen.

LAG Baden-Württemb. 5.5.1982 – 2 Sa 122/81

Geht es um eine drohende Massenentlassung, kann eine über vier Tage reichende Betriebsversammlung gerechtfertigt sein.

ArbG Hamburg 28.6.1977 – 4 GaBV 19/77

Die Betriebsversammlung dient der Unterrichtung der Arbeitnehmer und der Aussprache zwischen Betriebsrat und Arbeitnehmern über die sie interessierenden wesentlichen Fragen. Der ungestörten und freien Aussprache kommt im Rahmen der Betriebsverfassung rechtlich ein hoher Stellenwert zu. Die Entscheidung, eine Betriebsversammlung nicht wesentlich über das Ende der Arbeitszeit hinaus fortzusetzen, ist nicht zu beanstanden. Es lässt sich kein Ermessensfehler erkennen, wenn der Betriebsrat davon ausging, dass für die Aussprache über die vom Arbeitgeber in Zweifel gezogene Betriebsratsfähigkeit eines Werkes, die Auswirkungen der eingeleiteten Gemeinkostenwertanalyse und die geplante Änderung des § 116 AFG noch ein Zeitraum von jedenfalls mehr als einer Stunde benötigt wird und damit die Vertagung der Betriebsversammlung begründet wird.

LAG Baden-Württ. 12.12.1985 – 14 TaBV 22/85

Zeitliche Lage der Betriebsversammlung

Die in § 44 Abs. 1 Satz 1 BetrVG genannten Betriebsversammlungen finden in der Regel während der Arbeitszeit statt. Eine Ausnahme ist nur möglich, wenn »die Eigenart des Betriebes eine andere Regelung zwingend erfordert«. Dabei ist ein strenger Maßstab anzulegen. Bloße Misshelligkeiten und Unbequemlichkeiten reichen nicht aus; nur untragbare Störungen des Arbeitsablaufes gehören hierher. Bei Filialbetrieben muss hingenommen werden, dass am Tag der Betriebsversammlung früher geschlossen wird.

LAG Berlin 23.3.1974 – 2 TaBV 1/74

Trifft ein Betriebsrat aus sachlichen Gründen die Entscheidung, eine Betriebsversammlung zu einem anderen als dem bisherigen Zeitpunkt einzuberufen, so kann dies nicht als rechtswidrig angesehen werden. Die von ihm genannten Gründe brauchen nicht unbedingt zu überzeugen und zwingend sein. Es ist lediglich zu verlangen, dass der Betriebsrat seinen Beschluss nicht willkürlich gefasst hat. Bei der Überprüfung der Entscheidung durch das Arbeitsgericht sind zwar die Interessen des Betriebsrats gegenüber denen des Arbeitgebers abzuwägen, es ist aber zu berücksichtigen, dass der Betriebsrat einen gewissen Ermessensspielraum hat, der weder durch den Arbeitgeber noch durch das Gericht eingeengt werden kann.

ArbG Braunschweig 22.6.1981 – 2 BvGa 5/81

Teilnahme von Beschäftigten während des Kündigungsschutzverfahrens

Ein Arbeitnehmer, dem gekündigt wurde und der wegen dieser Kündigung ein Kündigungsschutzverfahren eingeleitet hat, ist Teilnahmeberechtigter einer Betriebsversammlung.

ArbG Hamburg 14.7.1977 – 14 Ga/BV 31/77

Betriebsversammlung während des Urlaubs

Ein Arbeitnehmer kann während seines Erholungsurlaubs an einer regelmäßigen Betriebsversammlung teilnehmen. Er hat für die Zeit der Teilnahme Anspruch auf eine Vergütung nach § 44 Abs. 1 Satz 2 oder 3 BetrVG.

BAG 5.5.1987 – 1 AZR 665/85

Betriebsversammlung während des Erziehungsurlaubs

Der Arbeitnehmer darf auch während seines Erziehungsurlaubs an einer Betriebsversammlung teilnehmen. Er hat hierfür einen Vergütungsanspruch aus § 44 Abs.1 Satz 2 BetrVG.

BAG 31.5.1989 – 7 AZR 574/88

Ein Arbeitnehmer hat für die Dauer der Teilnahme an einer Betriebsversammlung auch dann Vergütungsansprüche aus § 44 Abs. 1 Satz 2 BetrVG, wenn er die Betriebsversammlung in der Zeit seines Erziehungsurlaubs besucht und keine Teilzeitarbeit (§ 15 Abs. 5 BErzGG) bei seinem Arbeitgeber verrichtet.

LAG Hamm 19.8.1988 – 16 Sa 788/88

Betriebsversammlung während der Kurzarbeit

Regelmäßige Betriebsversammlungen können auch dann stattfinden, wenn im Betrieb wegen arbeitskampfbedingter Störungen nur verkürzt gearbeitet wird. Die teilnehmenden Arbeitnehmer haben für die Zeit der Teilnahme an diesen Betriebsversammlungen Anspruch auf eine Vergütung nach § 44 Abs. 1 Satz 2 oder 3 BetrVG, auch wenn sie für den Tag der Betriebsversammlung Kurzarbeitergeld erhalten haben.

BAG 5.5.1987 – 1 AZR 666/85

Unterschriftensammlung für die Betriebsversammlung

Die Unterschriftensammlung für einen Antrag der Belegschaft für eine außerordentliche Betriebs- oder Abteilungsversammlung kann während der Arbeitszeit ohne Minderung des Arbeitsentgeltes stattfinden. § 43 Abs. 3 BetrVG gilt auch für Abteilungsversammlungen, so dass die Arbeitnehmer auch hier ein Initiativrecht haben.

ArbG Stuttgart 13.5.1977 – 7 Ca 117/77

ArbG = Arbeitsgericht
LAG = Landesarbeitsgericht
BAG = Bundesarbeitsgericht
DKKW = Däubler/Kittner/Klebe/Wedde, Betriebsverfassungsgesetz, Kommentar, 13. Auflage 2012
Fitting = Fitting/Engels/Schmidt/Linsenmaier, Betriebsverfassungsgesetz, Kommentar, 26. Auflage 2012

Themen- und Arbeitsplan für die Betriebsversammlung

6 Wochen vorher: **Betriebsratssitzung**	Nur nötig, wenn Grundsatzentscheidungen getroffen werden müssen: vier Betriebsversammlungen pro Jahr; System der Betriebs-, Abteilungs, Teilversammlungen; Raum; Wochentag; Zeitpunkt.
4 Wochen vorher: **Betriebsratssitzung**	Datum für die Betriebsversammlung vorläufig festlegen; Themen für Tätigkeitsberichte sammeln und auf Betriebsratsmitglieder verteilen; Ablaufplanung (Reihenfolge von Routine- und Schwerpunkttätigkeitsberichten, Auftritte Geschäftsleitung, Gewerkschaft, Referenten).
Vorabinformation:	Mitteilung an Arbeitgeber; Terminabsprache mit Gewerkschaft.
Vertrauensleute:	Sitzung mit gewerkschaftlichen Vertrauensleuten; alle Themen absprechen; Redebeiträge der Vertrauensleute festlegen.
3 Wochen vorher: **Betriebsratssitzung**	Beschluss über Zeit und Ort (schriftlich); Zwischenberichte über den Stand der Vorbereitungen; Zusammenstellung technisch-organisatorischer Einzelheiten (Bestuhlung, Beschallung usw.).
Mitteilung an:	Arbeitgeber (über Beschluss zu Zeit und Ort; Anforderungen zu technisch-organisatorischer Vorbereitung).
2 Wochen vorher: **Betriebsratssitzung**	Konzept der Tätigkeitsberichte vorstellen und diskutieren; Tagesordnung beschließen; Ablauf endgültig festlegen; Diskussionsbeteiligung der Betriebsratsmitglieder absprechen; Einzelheiten der Versammlungsleitung absprechen; Auftrag an alle Betriebsratsmitglieder, ab sofort bei allen Gelegenheiten auf die Betriebsversammlung hinzuweisen; Gestaltung der Einladung absprechen.
Einladungen an:	Arbeitgeber, Gewerkschaft, evtl. weitere Referenten (mit Zeit, Ort und Tagesordnung).
1 Woche vorher:	Einberufung der Betriebsversammlung ... Einladungen aushängen; bei besonders wichtigen Anlässen: am Tag vor der Betriebsversammlung oder am Morgen zusätzlich Flugblätter verteilen.
DIE VERSAMMLUNG	Eröffnung und Begrüßung durch Versammlungsleitung; nach jedem Bericht bzw. Schwerpunktthema zwei bis drei Diskussionsfragen vorgeben und zur Aussprache auffordern; während der Diskussion Verhaltensregeln beachten (Fragen sammeln, Kritik annehmen, Fragen an andere Betriebsratsmitglieder, Gewerkschaftsvertretung oder Referenten weitergeben, Redner aus der Belegschaft unterstützen, vor dem nächsten Bericht Diskussionsergebnisse kurz zusammenfassen); Tagesordnung und Ablaufplan genau einhalten – keinen Zeitdruck aufkommen lassen; Zusammenfassung der wichtigsten Versammlungsergebnisse.
1 Woche danach: **Betriebsratssitzung**	Nachbereitung ... Haben sich (evtl.) Veränderungen bewährt? Gibt es schon erste Reaktionen aus der Belegschaft? Aufbau und Themenfestlegung der Berichte? Organisation? Neue Informationen (z.B. durch den Arbeitgeber)? Welche Anfragen und Beschwerden hat es gegeben? Ideen für die nächste Betriebsversammlung?
2 Wochen danach:	Gemeinsame Sitzung Betriebsrat und Vertrauensleute ... Thema: Nachbereitung der Betriebsversammlung (gleiche Fragen).

Kompetenz verbindet

Christian Schoof

Betriebsratspraxis von A bis Z

Das Lexikon für die
betriebliche Interessenvertretung
11., überarbeitete Auflage
2014. Ca. 1.900 Seiten, gebunden
inklusive Online-Ausgabe
ca. € 54,–
ISBN 978-3-7663-6318-3
(lieferbar ab Juni 2014)

Von Abfindung bis Zurückbehaltungsrecht des Arbeitnehmers:
Der »Schoof« ist aus der Praxis der Betriebsratsarbeit nicht mehr
wegzudenken. Das bewährte Lexikon liefert praktische Hilfen zum
Beantworten von im betrieblichen Alltag auftretenden Fragen. Es
informiert über die Aufgaben, Rechte und Handlungsmöglichkeiten
des Betriebsrats und zeigt Rechte und Pflichten der Beschäftigten
auf.

Auch für Nichtjuristen verständlich sind die Erläuterungen zu den
jeweiligen Begriffen und Fallgestaltungen. Sie werden ergänzt
durch zahlreiche Checklisten, Musterschreiben und Übersichten.
Bei jedem Stichwort finden sich zusätzlich die wichtigsten Leitsätze
der Rechtsprechung.

Neu: die **Online-Ausgabe** mit sämtlichen Stichwörtern, Arbeits-
hilfen und Leitsätzen zu jedem Stichwort. Die Inhalte lassen
sich so ganz einfach übernehmen und weiter bearbeiten.

Zu beziehen über den gut sortierten Fachbuchhandel oder
direkt beim Verlag unter E-Mail: kontakt@bund-verlag.de

Bund-Verlag

Kompetenz verbindet

Wolfgang Fricke / Herbert Grimberg / Wolfgang Wolter

Betriebsverfassungsgesetz

Kurzkommentar für Betriebsräte
4., überarbeitete und aktualisierte Auflage
2014. 319 Seiten, kartoniert
€ 24,90
ISBN 978-3-7663-6294-0

Das Betriebsverfassungsgesetz ist für jedes Betriebsratsmitglied ein täglich genutztes Werkzeug. Immer wieder hilft ein Blick ins Gesetz, die eigene Position zu bestimmen und das Gedächtnis aufzufrischen.

Der reine Gesetzestext genügt aber meist nicht. Die juristischen Kommentare empfehlen sich eher für eine sorgfältige Analyse eines Falles, selten für den schnellen Überblick und die rasche rechtliche Bewertung. Und genau für diese Situation ist dieser Kurzkommentar gemacht.

Er stellt den Gesetzestext und dessen allgemeinverständliche »Übersetzung« und Kommentierung direkt nebeneinander und bietet so den schnellstmöglichen Zugang zur jeweils benötigten Information – angereichert mit zahlreichen konkreten Tipps für die Praxis.

Besonders nützlich ist dieses Buch für die neu gewählten Mitglieder im Betriebsrat, die sich für ihren Einstieg in dieses verantwortungsvolle Amt einen Überblick über ihre Rechte und Pflichten verschaffen wollen. Aber auch »alte Hasen« werden auf den hier gebotenen unkomplizierten Zugang zum Betriebsverfassungsgesetz nicht verzichten wollen.

Zu beziehen über den gut sortierten Fachbuchhandel oder direkt beim Verlag unter E-Mail: kontakt@bund-verlag.de

Bund-Verlag

Kompetenz verbindet

Wolfgang Däubler

Arbeitsrecht

Ratgeber für Beruf, Praxis und Studium
10., überarbeitete Auflage
2014. 600 Seiten, kartoniert
€ 19,90
ISBN 978-3-7663-6268-1

Arbeitsrecht geht (fast) jeden an. Und dennoch ist es für
Viele ein Buch mit sieben Siegeln. Der bewährte Ratgeber
von Wolfgang Däubler bietet hier Abhilfe. Juristische
Vorkenntnisse sind nicht erforderlich.

Das Buch ist übersichtlich gegliedert und stellt – ergänzt
durch zahlreiche Beispiele – die wichtigsten Inhalte des
Arbeitsrechts dar. Es gibt zuverlässig Antwort auf Fragen
wie:
• Wo finde ich die »einschlägigen« Gesetze?
• Was muss ich bei einer Bewerbung beachten?
• Wie kann ich mich gegen eine Kündigung wehren?

Wegen der klaren, verständlichen Sprache ist der Ratgeber
im Beruf, für die Arbeit als Betriebs- oder Personalrat und für
das Studium gleichermaßen eine optimale Hilfe. Die zehnte
Auflage verarbeitet Gesetzgebung und Rechtsprechung auf
aktuellem Stand.

Zu beziehen über den gut sortierten Fachbuchhandel oder
direkt beim Verlag unter E-Mail: kontakt@bund-verlag.de

Bund-Verlag

Kompetenz verbindet

Heinz-G. Dachrodt / Klaus Eberhard / Volker Engelbert

Musterschreiben für den Betriebsrat

Betriebsratsarbeit auf den Punkt gebracht
15., vollständig überarbeitete Auflage
2014. Ca. 375 Seiten, kartoniert
mit Online-Zugriff auf alle Mustertexte
ca. € 39,–
ISBN 978-3-7663-6305
Erscheint Juni 2014

Fast täglich muss der Betriebsrat schriftlich Stellung beziehen. Das gilt zum Beispiel für den Widerspruch gegen eine Kündigung, für die Aufnahme von Verhandlungen über einen Sozialplan oder für die Kostenübernahme von Betriebsratsliteratur. In allen Fällen ist es wichtig, dass diese Schriftstücke rechtlich zuverlässig, klar und kompetent verfasst sind. Vor diesem Hintergrund ist das Handbuch eine wertvolle Hilfe beim Formulieren von Anträgen und Stellungnahmen. Das bewährte Werk enthält rund 130 Musterschreiben zu den wichtigsten Themen der täglichen Betriebsratsarbeit.

Die Vorteile:
- Rund 130 Musterbriefe, die sich leicht an die jeweiligen betrieblichen Bezüge anpassen lassen
- Übersichtlicher Aufbau: die Musterschreiben sind den jeweiligen Rechtsvorschriften zugeordnet
- Jedes der 15 Kapitel umfasst eine kurze Einführung und die jeweiligen Rechtsvorschriften
- Online-Zugriff: alle Schreiben sind online zugänglich

Zu beziehen über den gut sortierten Fachbuchhandel oder direkt beim Verlag unter E-Mail: kontakt@bund-verlag.de

Bund-Verlag

Kompetenz verbindet

Arbeitsrecht im Betrieb
AiB I Zeitschrift für den Betriebsrat

»Arbeitsrecht im Betrieb« – seit über 30 Jahren
die führende Fachzeitschrift für erfolgreiche
Betriebsratsarbeit

- Mit den aktuellen Themen der Betriebsratsarbeit und
  konkreten Handlungshilfen

- Mit dem neuesten Stand der Rechtsprechung

- Mit Praxisbeispielen, Hintergrundberichten und Reportagen

- Mit der aktuellen Ausgabe, Archiv und Zusatzinformationen
  online auf www.aib-web.de

Erfahren Sie alles, was für die tägliche Arbeit eines Betriebsrats
wichtig ist. Überzeugen Sie sich selbst, testen Sie jetzt zwei
Ausgaben kostenlos:
www.aib-web.de/testabo

Ihr gutes Recht:
Laut BAG ist derArbeitgeber verpflichtet, dem Betriebsrat
die Zeitschrift »Arbeitsrecht im Betrieb« zur Verfügung zu
stellen. (AZ: 6 ABR 70/82)

Bund-Verlag